कक्के के छक्के

काका हाथरसी

डायमंड पाकेट बुक्स

प्रकाशक : **डायमंड पॉकेट बुक्स (प्रा.) लि.**
X-30 ओखला इंडस्ट्रियल एरिया, फेज-II
नई दिल्ली-110020
फोन : 011-40712200
ई-मेल : sales@dpb.in
वेबसाइट : www.diamondbook.in
मुद्रक : रेप्रो (इंडिया)

Kakke Ke Chhakke
By : Kaka Hathrasi

कक्के
के
छक्के

अनुक्रम

अँगरेज़ी बंदर	13	चाँद पर चढ़ाई	23
अनशन	13	चाँद पर हनीमून	23
अर्थ-कामना	14	चाय चक्रम	24
अव्मूल्यन	14	चित्त भी मेरी, पट्ट भी मेरी	24
आज्ञाकारी	14	चुंबन-चमत्कार	24
इश्क़ हक़ीक़ी	15	चुंबन-चेतना	25
1993 के मिस्टर	15	चुनाव की चोट	25
उल्टी चक्की	15	चुनाव-चुटकी	26
एक प्रश्न	16	चूल्हे-चौके का रोमांस	26
कंजूस	16	चोटी के कवि	26
कट की हठ	16	छायावादी कवि	27
कम्यूनिसिपल्टी	17	जयहिंद	27
कर-दाता की पुकार	17	जलेबियाँ	27
क़र्ज़ का मर्ज़	18	जहाँ न पहुँचे रवि	28
क़र्ज़ा	18	ज़िंदा रिकार्ड	28
कर्मयोगी	18	गदहा उवाच	28
कलियुगी कुंडली	19	डाक्टर	29
कुत्ता	19	डैडी/पिताजी	29
कलियुगी बाबू	19	तथाकथित पत्रकार	29
कालिज-स्टूडैंट	20	तस्करी-तर्क	30
कूकर की पूँछ	20	तर्क-संकट	30
कुत्तों के बिस्कुट	20	तिकड़म	30
क्रिकेट में 'कर' के करिश्मे	21	दंत-मंजन	31
घाटे पर घाटा	22	दवाओं का दबदबा	31
घर का दूध	22	दिल की बीमारी	31
चंदा-कुंडली	22	दुतरफ़ा दृष्टिकोण	32
चकबंदी	23	धन्य अपोलो!	32

धार्मिक शंका	32	बाबाजी	43
नरकपालिका	33	बालक-बुद्धि	44
निराकार और साकार	33	बुढ़ापे का विवाह	44
नेता-अभिनेता	34	बुढ़ापे की खीज	44
नेता-नीति	34	बुढ़ापे की होली	45
नेता-नेती-मंत्रणा	34	बेकारी	45
नेत्रदान	35	बेचारा अध्यापक	45
नोट की वोट	35	मंत्री-पुत्र	46
न्यायालय में भ्रष्टाचार	36	भात बनाम भत्ता	46
पंचभूत	36	भूत महँगाई का	46
पंजाब-पुलिस	36	मंद्र सप्तक के कवि	47
पं॰ पेटूराम	37	मद्य-निषेध	47
पजामा बनाम पैंट	37	महँगाई कुंडली	47
पतिव्रता	37	महँगाई क्यों?	48
पत्युपदेश	38	महँगाई बनाम फ़ैशन	48
परमार्थ	38	मायाराम	48
परिचय	39	माता	49
परीक्षा-दीक्षा	39	मिट्टी का शेर	49
पवित्रता	39	मिनिस्टरी का नुस्खा	50
पाँचों धाम	40	मिस मंसूरी	50
पश्चात्ताप	40	मुफ़्त रस	51
पाचन-शक्ति	40	मुर्ग़ी या अंडा	51
पान की परिभाषा	41	मृत्यु-कर	51
पौराणिक तथ्य	41	मोटी पत्नी	52
प्रश्नोत्तर	41	रामराज में कामराज	52
फ़ाइल-महिमा	42	राष्ट्रगान का लाभ	52
फ़िल्मी फुलझड़ी	42	रिश्वत-महिमा	53
'फोरनर' बनाम फाइव नर	42	रिश्वतरानी	53
फ़्लू-दर्शन	43	रेनी लव	53
बंदर के वाल्व	43	लंबाई दुखदाई	54

लखपति	54	समान अधिकार	65
लव-मतलब	54	सस्ती कविता	65
मनी लव	55	सहनशक्ति	65
एक्सीडैंटल लव	55	सावधान	66
सैंटीमैंटल लव	55	सिनेमा की सनक	66
एक्सचैंज लव	56	सीमेंट का थैला	67
फ़िल्मी लव	56	सूझ-बूझ	67
बॉस लव	56	सुपुत्र	67
गेम लव	57	स्वतंत्रता का नमूना	68
ड्रिंक लव	57	स्वतंत्र पत्नी	68
दशम लव	57	स्वास्थ्य-विज्ञान की उल्टी गंगा	
ला-कर	58	कब्ज व दुर्बलता	68
'लाल तिकोन' से	59	हैजा व जूड़ी	69
लूटनीति	59	बुखार	69
लोकतंत्रीय प्रेम	59	जुकाम	69
वकील	60	निमोनिया	70
वर-विरोध	60	पायोरिया	70
वित्तमंत्री से इंटरव्यू	60	नकसीर	70
विदा-बेला	61	नेत्र-रोग	71
विरहिनी	61	टी॰बी॰	71
विरही	61	अग्निमान्द्य	71
विधाता की भूल	62	सन्निपात	72
शंका	62	हजूर और मजूर	72
शब्द-सामर्थ्य	62	पेट-गति	72
सत्य और झूठ	63	शिक्षा-पद्धति	73
सत्रह रस	63	हाउस फुल	73
सफल प्रत्याशी	63	हिंदी-प्रेम	73
सफल नेता	64	हिप्पीवाद	74
सफल लेखक	64	ससुर की तलाश	74
समझ का फेर	64	स्वास्थ्य का राज़	74

हास्य-संजीवनी	75	होली-ईद	85
पति और पत्नी	75	क्रोध	86
गधे के सींग	75	वधू	86
इंसान	76	साधु-संतोष	86
भगवान और शैतान	76	अभिमान	87
मच्छर उवाच	76	फ़ैशन	87
पॉकिट साफ़	77	लव-लक्षण	87
जूता-युद्ध	77	विलायती पत्नी	88
आँख और अक्ल	77	सुमुखी की मुस्कान	88
प्रेमिका-पूजा	78	पत्नी	88
बराबरी	78	क्रोध-हरण	89
प्रेमी दिल	79	हुस्न-इश्क़	89
लड़ाई और प्यार	79	नाराज़ प्रेमिका	89
ताज बनाम जूता	79	इंतज़ार	90
कुरसी रानी	80	शंका	90
काँटा और चाँटा	80	लड़का-लड़की	90
युगल-कर्त्तव्य	80	दहेज-क़ानून	91
सुझाव	81	संतोष-सुख	91
संतोषी गंगा	81	टी॰वी॰-बीवी	91
दाढ़ी	81	उपदेश	92
इश्क़ का रोग	82	रस-विधान	92
मेहमान	82	कड़वी बीवी	92
नेता और साँप	82	सुंदर नर्स	93
उल्लू-गधा	83	भ्रष्टश्री	93
व्रत में रसगुल्ला	83	पॉकिटमार	94
बाल-विवाह	83	बीती ताहि बिसारि दे	94
मौज़-मस्ती	84	एकांत	94
मन	84	कुरसीमाई	95
मोटा-पतला	84	हास्यरस	95
पार्क में प्रेम	85	स्वाभिमान-अभिमान	96

धोखे की कला	96	पाप का घड़ा	107
शुद्ध प्रेम	96	सुंदरियाँ	107
शासन की कुर्सी	97	वीडियो	108
पूत-सपूत	97	हास्य वर्ष	108
यार से प्यार	98	मौका	108
चमचे	98	आँसू के कारण	109
नीची नज़र	99	झूठ-सच	109
स्वागत	99	दुश्मन	109
चंदा-पाचन	99	रसगुल्लों का ध्यान	110
आधुनिक शिष्य	100	न्यू फ़ैशन की पत्नी	110
महँगाई	100	कर्फ़्यू	110
पिता-पुत्र	100	विज्ञान-चमत्कार	111
गदहा-भाव	101	कर्मफल	111
शब्द-शक्ति	101	दवा-दारू	111
नेता	101	हसबैंड-सर्वेंट	112
कोर्ट-मैरिज़	102	सास	112
सादगी	102	कालिज स्टूडैंड	113
सौंदर्य	102	चमचा	113
माँ की ममता	103	बापू के बंदर	114
समय का लाभ	103	लव	114
आँसू	103	लड़का-लड़की	114
खुजली	104	महिला बस	115
पियक्कड़	104	पेट	115
सहनशीलता	104	औरत	115
पद्मश्री पर शंका	105	विलायती वाइफ़	116
पति-पत्नी	105	दहेज की प्रथा	116
पिटाई का मज़ा	105	नर-नारी	116
सेंसर बोर्ड	106	नाक का महत्त्व	117
मिस महँगाई	106	बचाव	117
मजनूँ	106	चंबल का संबल	117

रेल बजट 118
राजनीतिज्ञ 118
टा-टा 119
लाटरी 119
वरदान 119
बैंक में डाकू 120
रिश्वतख़ोर 120
सफ़र का स्वाद 120
काकी और शर्त 121
महँगाई और ग़रीबी 121
आई॰टी॰ओ॰ 121
उधार-सुधार 122
नारी 122
देश-सेवा 122
अति सर्वत्र वर्जयेत 123
काकी और नवरस 123
नेता का काटा 123
मनहूस मानव 124
सुख-दुःख 124
दुर्घटना-सुघटना 124
नौ-दो-ग्यारह 125
आकर्षण 125
'दार' की मार 125
चैन-बेचैन 126
विलायती वाइफ़ 126
दो बच्चे, होते अच्छे 126
समय-महिमा 127
बहू 127
बचपन 127
काका-हास्य 128
धड़ाका 128
लूट 128
पाचन-शक्ति 129
तारिका बनाम पत्नी 129
सुखदाई सावन 129
बुढ़ऊ वर्ष 130
जनसंख्या विस्फोट 130
बदला 130
हैरोइन-हीरोइन 131
टिकटार्थी-प्रार्थी 131
चौराहे का सिपाही 132
मंदिर और सिनेमा 132
छिपाने की कला 132
मेहमान 133
साख 133
पापा का तर्क 133
कर्कशा पत्नी 134
टिट फार टैट 134
दहेज-लोभी 134
धोखा 135
दंगा कौन कराए 135
इंसानियत 135
बेलन-प्रभाव 136
दिल का बीमा 136
जन्मदिवस 137
कड़वा-मीठा 137
दिल का एक्सरे 137
ईमान 138
रंगीन चश्मा 138
दिलदार 138

लातों के भूत 139
रूप-अनूप 139
आधुनिक बहू 140
गृहस्थी का रंग 140
सांत्वना 140
दहेज का दानव 141
पुलिस कांस्टेबिल 141
हाय बुढ़ापा 142
आधुनिका पत्नी 142
नारी : लक्ष्मी 143
स्वर्ग-नरक 143
आशावादी बनो 143
नेता और चमचा 144
पिल्ला कुंडली 144
निस्वार्थ प्रेम 145
मित्र से मुहब्बत 145
मेहनत का फल 146
हँसते रहिए 146
ऊँची ऐड़ी 146
शादी पर बाजे 147
थ्री व्हीलर पर सुंदरी 147
हाथों का हैं मैल 147
कर्म और तक़दीर 148
लड़का-लड़की के भेद 148
मास्टरों की मौज 148
साझे की हँड़िया 149
गदहा 149
मूर्खों के बीच बुद्धिमान 149
फ़िल्मी बंगले 150
फ़िल्मी सितारा 150
इनकम टैक्स का दफ़्तर 150
थोथा चना, बाजे घना 151
इश्क़ में रिस्क 151
कल्पना 151
लेडीज फर्स्ट 152
स्वाद 152
मेहनत 152
नारी के बैन 153
बूढ़े बाबा 153
कलम की मार 153
पाश्चात्य तहजीब 154
अति 154
दहेज 155
बेटी की विदा-1 155
बेटी की विदा-2 155
भाग्य भोग 156
काला धन 156
कर्फ़्यू जी की शक्ति 157
बाबू जी 158
स्वार्थी इंसान 158
रिटायरमेंट 159
शादी के लाभ 159
नाह गुटापे 159
नेता पति 160
चटपटी प्रेमिका 160
कवि बनाम मच्छर 160

अँगरेज़ी बंदर

'काका' या संसार में, व्यर्थ भैंस अरु गाय
मिल्क पाउडर डालकर, पी लिपटन की चाय
पी लिपटन की चाय, साहबी ठाठ बनाओ
सिंगल रोटी छोड़, डबल रोटी तुम खाओ
कहँ 'काका' कविराय, पैंट के घुस जा अंदर
देशी बाना छोड़, बनो अँगरेज़ी बंदर

अनशन

अधिक भोज्य से आपका, वज़न अधिक बढ़ जाय
धन्य-धन्य नेता प्रभू, बतला दिया उपाय
बतला दिया उपाय, साधना सात्त्विक साधो
अख़बारों में अनशन की घोषणा करा दो
'डायटिंग' हो जाय, मुफ़्त में नाम कमाओ
मिलें आम के आम, दाम गुठली के पाओ

अर्थ-कामना

लक्ष्मी मैया! भाग्य के, खोलो शीघ्र किवाड़
नोटों की कुछ गड्डियाँ, भेजो छप्पर फाड़
भेजो छप्पर फाड़, मूर्ख रसगुल्ले खाते
ज्ञानी-ध्यानी प्राणी, देखे चने चबाते
कहँ 'काका' चरणामृत, पीऊँ भर-भर चुल्लू
पुनर्जन्म में देवी! मुझे बनाना उल्लू

अवमूल्यन

दाढ़ी गुन गाए बहुत, कबहु-कबहु पछितायँ
साली-सलहज-समधिनें, काका कहि-कहि जायँ
काका कहि-कहि जायँ, सुनावें काकों दुखड़ा
लंबौ घूँघट काढ़ि, छिपावें सुमुखी मुखड़ा
हे भारत सरकार! दोष नहिं कछू तिहारौ
प्रेम-पंथ में अवमूल्यन, ह्वै गयौ हमारौ

आज्ञाकारी

राष्ट्रनायकों का सदा, करता हूँ सम्मान
लेकिन अपने स्वास्थ्य का, रखना पड़ता ध्यान
रखना पड़ता ध्यान, आपका हुक्म बजाता
सोमवार को एक जून ही खाना खाता
'काका' उसी समय कुछ ज़्यादा कर लेता हूँ
दुपहर को ही घड़ा, शाम का भर लेता हूँ

इश्क़ हक़ीक़ी

रूठ गई हो प्रेमिका, बीज प्रेम के बोय
याद सताए रात-दिन, धक-धक दिल में होय
धक-धक दिल में होय, व्यर्थ जा रही जवानी
देख आजमाकर नुस्खा, यह पाकिस्तानी
कहँ 'काका' कवि, तवा बाँधकर अपने सर पर
लेकर छाता कूदो, महबूबा के घर पर

1993 के मिस्टर

गाँव छोड़, चल बंबई, बेंच भैंस औ' गाय
तीस बार सिगरेट पी, बीस बार पी चाय
बीस बार पी चाय, छोड़कर रसिया ढोला
'फिल्मी गीत' गाइयो, पीकर 'काकाकोला'
कहँ 'काका' कविराय, अरे कलियुग के पूता
नई रोशनी से तू क्यों, रह रहा अछूता

उल्टी चक्की

उल्टी चक्की देखकर 'काका' दीने रोय
कलियुग राज-सुराज में, अनहोनी भी होय
अनहोनी भी होय, सत्यजी रिश्वत खाएँ
त्यांगी निष्कामी, पद पाने को ललचाएँ
राधा-सीता दुखी, सुखी है रीता-फरिया
'ड्राइ एरिया' में शराब का बहता दरिया

एक प्रश्न

कभी-कभी मस्तिष्क में, उठते प्रश्न विचित्र
पानदान में पान हैं, इत्रदान में इत्र
इत्रदान में इत्र, सुनें भाषाविज्ञानी
चूहों के पिंजड़े को कहते चूहेदानी
कहँ 'काका', इंसान रात-भर सोते रहते
उस परदे को 'मच्छरदानी' क्योंकर कहते

कंजूस

इलवाई की बैंच पर, बैठ-बैठ ललचाय
बिन पैसा इस युक्ति से, मुफ़्त पेट भर जाय
मुफ़्त पेट भर जाय, हाँक तू लंबी-चौड़ी
दान-पुण्य में कभी न देना कानी कौड़ी
कहँ 'काका' कविराय, मिला आटे में भूसी
कौड़ी-कौड़ी जोड़, सीख बेटा कंजूसी

कट की हठ

अमरीकन-कट पैंट पर, ब्लाउज़-कट बुश्शर्ट
पहिले हरीकिशोर थे, अब मिस्टर 'हरबर्ट'
अब मिस्टर हरबर्ट, चर रहे चुरट दबाए
डेविड-कट मूछें, दिलीप-कट बाल बनाए
कहँ 'काका' कट-प्रगति फटाफट करते जाओ
सूर्पणखा-कट नाक, होय तब नाम कमाओ

कम्यूनिसिपल्टी

नगरपालिका के लिए पड़ने लागे बोट
कहीं बोतलें खुल रहीं, कहीं बँट रहे नोट
कहीं बँट रहे नोट, और सब रहे अभागे
वोट गिने तो कम्यूनिस्ट पार्टी आगे
कामरेड बोले– 'प्रस्ताव हमारा धर दो'
कल से इसका नाम, 'कम्यूनिसिपल्टी' कर दो

कर-दाता की पुकार

गणतंत्री सरकार का, कैसा उल्टा राग
परेशान करता हमें, इनकम टैक्स विभाग
इनकम टैक्स विभाग, मंच पर नेता आते
अल्पसंख्यकों की रक्षा के ढोल बजाते
'काका' अपना वर्ग इसी श्रेणी में आता
हैं सत्तर करोड़ आठ लाख 'कर-दाता'

क़र्ज़ का मर्ज़

अमरीका ने कृपा कर, दिया हिंद को क़र्ज़
हिंद देय नैपाल को, है यह उसका फ़र्ज़
है यह उसका फ़र्ज़, सिलसिला बढ़ता आगे
नैपाली से सेठ किरोड़ीमल ले भागे
कहँ 'काका' उससे पठान महमूद ला रहे
चला क़र्ज़ का मर्ज़, 'इकन्नी सूद' खा रहे

क़र्ज़ा

जप-तप-तीरथ व्यर्थ हैं, व्यर्थ यज्ञ औ' भोग
क़र्ज़ा लेकर खाइए, नितप्रति मोहनभोग
नितप्रति मोहनभोग, करो काया की पूजा
आत्मयज्ञ से बढ़कर यज्ञ नहीं है दूजा
कहँ 'काका' कविराय, नाम कुछ रोशन कर जा
मरना तो निश्चित है, 'करजा' लेकर मर जा

कर्मयोगी

राजनीति मत छोड़िए, जब लग घट में प्रान
कबहू दीन दयाल के भनक परेगी कान
भनक परेगी कान, समझिए मर्म धर्म का
कोटा पूरा करना है प्रारब्ध-कर्म का
'काका' कर संघर्ष कि जब तक दम में दम है
संन्यासी से बड़ा 'कर्मयोगी' कलियुग है

कलियुगी कुंडली

लल्लू-पंजू पुज रहे, पंडित धक्के खाय
बारह सौ की भैंस है, सौ रुपये की गाय
सौ रुपए की गाय, प्रतिष्ठा बाढ़ी खर की
घोड़े से तिगुनी कीमत होती खच्चर की
सरस्वती पर हावी है लक्ष्मी का उल्लू
विद्यालय के मैनेजर हैं लल्लू-पंजू

कुत्ता

कुत्ता बैठा कार में, मानव माँगे भीख
मिस्टर दुर्जन दे रहे, सज्जनमल को सीख
सज्जनमल को सीख, दिल्लगी अच्छी-ख़ासी
बगुला के बँगले पर हंसराज चपरासी
हिंदी को प्रोत्साहन दे, किसका बलबुत्ता
भौंक रहा इंगलिश में, मंत्री जी का कुत्ता

कलियुगी बाबू

पड़े-पड़े ही पलंग पर, करें चाय का ध्यान
हवन करें सिगरेट का, होय आत्मकल्यान
होय आत्मकल्यान, मुक्ति का मार्ग विचारें
ठूँसें मुख में पान, पीक आँगन में मारें
कहँ 'काका' कविराय, नहीं आदत पर काबू
शत-शत तुम्हें प्रणाम, धन्य कलियुग के बाबू

कालिज-स्टूडैंट

फादर ने बनवा दिए, तीन कोट, छै पैंट
लल्लू मेरा बन गया कालिज-स्टूडैंट
कालिज-स्टूडैंट, हुए होस्टल में भरती
दिन-भर बिस्कुट चरें, शाम को खायँ इमरती
कहँ 'काका' कविराय, बुद्धि पर डाली चादर
मौज़ कर रहे पुत्र, हड्डियाँ घिसते फादर

कूकर की पूँछ

क़ैद काट नेता बने, शेख़ी मारें शेख
हज करके हाजी हुए, मार रेख पर मेख
मार रेख पर मेख, पड़ी फिर बंधन बेड़ी
अक्ल न सीधी हुई, रही टेढ़ी की टेढ़ी
कहँ 'काका' कवि, चाहे कितनी खींचो-तानो
कभी न सीधी होय, पूँछ कूकर की मानो

कुत्तों के बिस्कुट

बिस्कुट की दूकान पर पहुँचे घोंचूराम
देख रहे थे सेंपिल, पूछ रहे थे दाम
पूछ रहे थे दाम, 'साफ़ बतला दें तुमको
कुत्तों के खाने के बिस्कुट चहिए हमको।'
दुकनदार बोला-'कहिए कितने दे दूँ, सर?
यहीं खाएँगे अथवा ले जाएँगे घर पर?'

क्रिकेट में 'कर' के करिश्मे

अक्षर करते समय पर, चमत्कार का काम
विजय मिली 'वी' से जिन्हें, याद करो वे नाम
याद करो वे नाम, खिलाड़ी हिंद-सतारे
वीनू मनकड़, विजय मजेकर, विजय हजारे
घबराया इंगलैंड, देखकर तीन-तीन 'कर'
कैप्टिन वाडेकर, गावस्कर और सोलकर

घाटे पर घाटा

भौंदूमल बेकार थे, हुआ पिलपिला हाल
फाके होने लगे तब, पहुँच गए ससुराल
पहुँच गए ससुराल, बीस दिन करी चराई
पाँच किलो बढ़ गया वज़न, आई चिकनाई
घर आए तो देखा, छह मेहमान डट रहे
उनके दर्शन करते ही, छह किलो घट गए

घर का दूध

सेठ सुपाड़ीलाल जी रहे, खुशी से कूद
'काका पीकर देखिए, म्हारे घर कौ दूध'
म्हारे घर कौ दूध, मलाई जैसौ चिकनौ
हलवाई या ग्वाले से यह गाढ़ौ कितनौ
एक घूँट ले करके हम़ लाला से बोले
'सेठानी को खली खिलाते हो कि बिनोले?'

चंदा-कुंडली

चंदामल से कह रहे, ठाकुर आलमगीर
पहुँच गए वे चाँद पर, मार लिया क्या तीर
मार लिया क्या तीर, लौट पृथ्वी पर आए
हुए करोड़ों ख़र्च, कंकड़ी-मिट्टी लाए
इनसे लाख गुना अच्छा नेता का धंधा
बिना चाँद पर चढ़े, हज़म कर जाता 'चंदा'

चकबंदी

यह कैसी असमानता, कैसा विधि का लेख
लल्ली घर में आठ हैं, लल्ला हुआ न एक
लल्ला हुआ न एक, किसी घर में दस बेटे
बेटी कोई नहीं, भाग्य के वह भी हेटे
कहँ 'काका' कविराय, सुनो काकी आनंदी
छोरी-छोरों की भी, अब होगी चकबंदी

चाँद पर चढ़ाई

पहुँच गए जब चाँद पर, एल्ड्रिन आर्मस्ट्रोंग
शायर-कवियों की हुई, काव्य-कल्पना रोंग
काव्य-कल्पना रोंग, 'सुधाकर' हमने जाने
कंकड़-पत्थर मिले, दूर, के ढोल सुहाने
कहँ 'काका' कविराय, खबर यह जिस दिन आई
सभी चंद्रमुखियों पर, घोर निराशा छाई

चाँद पर हनीमून

'रजनी' जी कहने लगीं, होकर के टिप-टाप
हनीमून के वास्ते, कहाँ चलेंगे आप
कहाँ चलेंगे आप, मज़े में रैन कटेगी
दस घंटे की रात, मिनट दस में बीतेगी
हनीमून का चाँद, बहुत अच्छा है सजनी
क्योंकि वहाँ चौदह दिन तक, रहती है रजनी.

चाय चक्रम

एकहि साधे सब सधे, सब साधे सब जाय
दूध दही फल अन्न जल, छोड़ पीजिए चाय
छोड़ पीजिए चाय, अमृत बीसवीं सदी का
जग-प्रसिद्ध जैसे, गंगाजल गंग नदी का
कहँ 'काका' इन उपदेशों का अर्थ जानिए
बिना चाय के मानव-जीवन व्यर्थ मानिए

चित्त भी मेरी, पट्ट भी मेरी

पैसा एक उछालकर, परखो विधि का लेख
चित्त पड़े कालेज को छोड़, सिनेमा देख
छोड़ सिनेमा देख, पट्ट पड़ जाए पैसा
आज पतंग उड़ाएँगे, निश्चय कर ऐसा
कहँ 'काका' जिस समय खड़ा हो जाए सिक्का
तब समझो पढ़ना-लिखना, क़िस्मत में लिक्खा

चुंबन-चमत्कार

धन्य 'पद्मिनी' आपने, ख़ूब कमाया नाम
चुम्मा लेकर 'चार्ल्स' का, किया ग़ज़ब का काम
किया ग़ज़ब का काम, पश्चिमी यह ढंग-ढर्रा
मुफ़्त पब्लिसिटी मिली, फिटकरी लगी न हर्रा
व्यर्थ मचाते शोर, बुर्जुआ बाप हमारे
न तो प्रिंस के गाल घिसे, ना होंठ तुम्हारे

चुंबन-चेतना

नमस्कार या नमस्ते का, अब क्या है अर्थ?
यह ढकोसला, 'खोसला', कर डालेंगे व्यर्थ
कर डालेंगे व्यर्थ, साथ फ़िल्मों के चलिए
चुंबन के माध्यम से ही अभिवादन करिए
'काका' युवक-युवतियों में यह साहस भर दो
न्यू लाइट से भस्म पुरानी पीढ़ी कर दो

चुनाव की चोट

हार गए वे, लग गई ऐलेक्शन में चोट
अपना-अपना भाग्य है, वोटर का क्या खोट
वोटर का क्या खोट, जमानत ज़ब्त हो गई
उस दिन से ही नेताजी को खब्त हो गई
कहँ 'काका' कवि, बर्राते हैं सोते-सोते
रोज़ रात को लेंय हिचकियाँ रोते-रोते

चुनाव-चुटकी

एलेक्शन के सूरमा! नोट करो सामान
'फर्स्ट एड' का बक्स भी रख लेना श्रीमान
रख लेना श्रीमान, बनाओ जितने झंडे
झंडों से भी दुगुने बुक कर लेना गुंडे
पोलिंग पर जाओ, तो पीकर जाना मिस्टर
तिकड़म, झूठ, फरेब, चापलूसी का मिक्श्चर

चूल्हे-चौके का रोमांस

आधुनिका पत्नी मिली, पति के पड़ी नकेल
वाक्शास्त्र में पास थी, पाकशास्त्र में फेल
पाकशास्त्र में फेल, रसोई कर दी चालू
स्वेटर बुनने लगी, जल गए सारे आलू
पुस्तक खोली, पति से बोली, जल्दी जाओ
जले आलुओं के ऊपर 'बरनोल' लगाओ

चोटी के कवि

बोले माइक पकड़कर पापड़चंद 'पराग'
चोटी के कवि ले रहे, सम्मेलन में भाग
सम्मेलन में भाग, महाकवि गामा आए
काका, चाचा, मामाश्री, पाजामा आए
हमने कहा, व्यर्थ जनता को क्यों बहकाते
दाढ़ी वालों को भी चोटी का बतलाते

छायावादी कवि

कवि-सम्मेलन चल रहा, वर्षा थी ना धूप
छत्री ताने मंच पर, चढ़े महाकवि 'सूप'
चढ़े महाकवि सूप, चकित सब कवि-कवयित्री
श्रोता हँसने लगे, देखकर उनकी छत्री
संयोजक ने शंका सबकी, दूर करा दी
अहोभाग्य! आ गए, 'सूपकवि' छायावादी

जयहिंद

राम-राम, जैराम जी, नमस्कार, गोविंद
पकड़ 'नमस्ते' का गला, चढ़ बैठी 'जयहिंद'
चढ़ बैठी जयहिंद, घुस गई घर में 'वंदे'
अब तो 'आदावर्ज' छोड़ आँखों के अंधे
कहँ 'काका' कविराय, बंदगी भूला काज़ी
चमचे चूमें चरण, मिलें मंत्री-नेता जी

जलेबियाँ

आए जब इंगलैण्ड से, भारत विलियम डंग
खाकर गर्म जलेबियाँ, डंग रह गए दंग
डंग रह गए दंग, इसे किस तरह बनाता
ताज़्जुब है, अंदर शरबत कैसे घुस जाता
बैरा बोला- 'सर! इनको आर्टिस्ट बनाते
बन जातीं तब, इंजेक्शन से रस पहुँचाते'

जहाँ न पहुँचे रवि

कवि जी! अर्थ-अभाव में, व्यर्थ रहे क्यों डोल
सो जाएँ जब श्रीमती, उनका पर्स टटोल
उनका पर्स टटोल, कला-प्रतिभा दिखलाओ
पकड़े जाओ रँगे हाथ तो यों समझाओ
देवी! तेरे बटुए में, न पहुँच पाया रवि
रवि नहिं पहुँचे जहाँ, वहाँ पर पहुँच गया कवि

ज़िंदा रिकार्ड

लेट रहे थे पार्क में, हरी घास पर चित्त
फ़िल्मी गाना गा रहे, एक अर्ध विक्षिप्त
एक अर्ध विक्षिप्त, समझ में भेद न आया
हुए चित्त से पट्ट, दूसरा गाना गाया
पूछा–'उल्टे होकर क्यों गाते हो भइए'
'यह रिकार्ड की दूजी साइड है, चुप रहिए'

गदहा उवाच

गदहा कहे कुम्हार से, तू क्या पीटे मोय
गाँव छोड़ चल शहर को, मैं पिटवाऊँ तोय
मैं पिटावाऊँ तोय, गधे को आई मस्ती
चौराहे पर पहुँच, झाड़ने लगा दुलत्ती
कहँ 'काका' कवि, चोट खा गए मोटे लाला
लाला ने गदहे वाला, घायल कर डाला

डाक्टर

डाक्टर बोले, प्रभु करें ऐसी कुछ तजबीज
अस्पताल में भीड़ हो, क्यू में लगें मरीज
क्यू में लगे मरीज, वायु में होय प्रदूषण
रोगों के कीटाणु, नित्यप्रति करें आक्रमण
औषधि खाकर रोगी आत्मिक लाभ उठाएँ
मर्ज रहे न मरीज, स्वर्ग को सीधे जाएँ

डैडी/पिताजी

शिष्या को समझा रहे, त्रिगुणाचार्य त्रिशूल
डैडी कहने की प्रथा, संस्कृति के प्रतिकूल
संस्कृति के प्रतिकूल, लाड़ली लड़की भोली
करके नीची नज़र मंद सप्तक में बोली
कहूँ पिताजी तो यह कठिनाई आती है
टकराते हैं ओठ, लिपस्टिक हट जाती है

तथाकथित पत्रकार

पत्रकार दादा बने, देखो उनके ठाठ
कागज़ का कोटा झपट, करें एक के आठ
करें एक के आठ, चल रही आपाधापी
दस हज़ार बतलाएँ, छपें ढाई सो कापी
विज्ञापन दे दो तो, जय-जयकार कराएँ
मना करो तो उल्टी-सीधी न्यूज़ छपाएँ

तस्करी-तर्क

अकस्मात छापा पड़ा, हालत हुई ख़राब
ढाईसौ बोतल वहाँ, पकड़ी गई शराब
पकड़ी गई शराब, कोर्ट में पेशी आई
जज के आगे तस्कर जी, दे रहे सफ़ाई
शराबबंदी का क़ानून, बना सरकारी
कर ली बंद शराब, नहीं कुछ खता हमारी

तर्क-संकट

तीन महीने से पड़े, चाचा जी बीमार
लगे मनाने मनौती, बच जाऊँ इस बार
बच जाऊँ इस बार, आपकी कथा कराऊँ-
भगवन, पाँच ब्राह्मणों को, भोजन करवाऊँ
बेटा बोला-'ईश्वर मूर्ख नहीं चाचा जी
तेरह ब्राह्मण छोड़, पाँच पर होगा राजी'

तिकड़म

भाग्य-भरोसे बैठकर झोंक रहे क्यों भाड़
कर्मपत्र से काम लो, जन्मपत्र को फाड़
जन्मपत्र को फाड़, पंगु गिरि पर चढ़ जाएँ
मूक होंय वाचाल, मूर्ख वक्तव्य छपाएँ
कहँ 'काका' कविराय, भाग्य तिकड़म से जागे
बुद्धिचंद्र पिछड़ें, बुद्धू बढ़ जाएँ आगे

दंत-मंजन

दो बच्चों के साथ थे, लाला सालिगराम
पूछा हमने प्यार से, क्या हैं इनके नाम
क्या हैं इनके नाम, मुस्कराए मन-ही-मन
बड़ा 'निरंजन' कहलाता, छोटा 'दुखभंजन'
पुत्र तीसरा कल ही, जन्मा है काका जी
'उसका नाम 'दंत-मंजन', रखना लाला जी'

दवाओं का दबदबा

मूल्य बढ़ाकर दवा का, टाइप कर दी लिस्ट
डार-डार सरकार है, पात-पाप कैमिस्ट
पात-पात कैमिस्ट, लगाया कैसे चूना
मर जाओ या मूल्य देउ, पहले से दूना
कहँ 'काका' कवि, धन्य दवाओं के व्यापारी
जीत गए तुम हार गई सरकार बिचारी

दिल की बीमारी

मारा चिमटा खींचकर, कर घूँघट की ओट
उनका ब्लाउज़ बच गया, फटा हमारा कोट
फटा हमारा कोट, चोट का स्वाद निराला
इसको जाने वही, पड़ा हो जिसका पाला
कहँ 'काका' कविराय, मिले जो ऐसी नारी
बिना दवा के दूर होय, दिल की बीमारी

दुतरफ़ा दृष्टिकोण

कार मिली ससुराल से, नयू मॉडल डीसैंट
पहिले दिन ही हो गया, हैवी एक्सीडैंट
हैवी एक्सीडैंट, उसे वापिस दे आए
बदले में एक फ़र्स्टक्लास, गदहा ले लाए
'काका', पूँछ पकड़, उस पर उल्टे बैठेंगे
आगे वह देखेगा, पीछे हम देखेंगे

धन्य अपोलो!

पार्वती कहने लगीं, सुनिए भोलेनाथ
अब अच्छा लगता नहीं, 'चंद्र' आपके माथ
चंद्र आपके माथ, दया हमको आती है
बुद्धि आपकी तभी, 'ठस्स' होती जाती है
धन्य आपोलो! तूने, पोल खोलकर धर दी
काकी जी ने 'करवाचौथ', कैंसिल कर दी

धार्मिक शंका

पति हैं उनके विष्णु जी, धार्मिक अपना देश
लक्ष्मी जी की बगल में क्यों अड़ रहे गणेश
क्यों अड़ रहे गणेश, करे पूजन नर-नारी
गणपति बप्पा कर दें, शंका दूर हमारी
विष्णुप्रिया के साथ, आप क्यों चिपक रहे हैं
खील बताशे तजकर, लड्डू गपक रहे हैं

नरकपालिका

पार्टीबंदी हो जहाँ, घुसें अखाड़ेबाज़
मक्खी, मच्छर, गंदगी का रहता हो राज
का रहता हो राज, सड़क हों टूटी-फूटी
नगरपिता मदमस्त छानते रहते बूटी
कहँ 'काका' कविराय, नहीं वह नगरपालिका
बोर्ड लगा दो उसके ऊपर 'नरकपालिका'

निराकार और साकार

ज्ञानी-ध्यानी थक गए करते-करते तर्क
निराकार-साकार का समझ न पाए फर्क
समझ न पाए फर्क, भंग का गोला खाया
तब इन शब्दों का निष्कर्ष सामने आया
कहँ 'काका', जो कार रखे साकार वही है
निराकार वह, जिसके घर में कार नहीं है

नेता-अभिनेता

आज़ादी पर मनाया जनगण मन ने हर्ष
मिटा न पाए आज तक, संप्रदाय-संघर्ष
संप्रदाय-संघर्ष, व्यर्थ हैं लीडर-नेता
नेताओं से अच्छे हैं, सर्कस-अभिनेता
कुछ दिन में ही, मेल-मिलाप सिखा देते हैं
शेर-बकरियों में, रोमांस दिखा देते हैं

नेता-नीति

नेता समझाने लगे, सुनो बुलाकीदास
सूखा और अकाल से, मत हो कभी उदास
मत हो कभी उदास, धैर्य रक्खो सुख-दुख में
कुछ भी नहीं असंभव, इस वैज्ञानिक युग में
ले ली ऐनक हरे रंग के शीशे वाली
जिधर देखिए उधर दिखाई दे हरियाली

नेता-नेती-मंत्रणा

नेती जी करने लगीं, नेता जी से बात
चार दिनों की चाँदनी, फिर अंधेरी रात
फिर अंधेरी रात, एलक्शन का हू-हल्ला
देखो भरी परात, उधर का पकड़ो पल्ला
शर्म और सिद्धांत छोड़, बेशर्मी धर लो
गुज़र सकें दो-चार साल, इतना तो कर लो

नेत्रदान

नेत्रदान के पक्ष में थे डाक्टर 'रजदान'
हाथ जोड़ हमने कहा– 'क्षमा करें श्रीमान्'
क्षमा करें श्रीमान्, लगाकर आँख हमारी
सूरदास ने किसी सुघड़ नारी पर मारी
तो बतलाओ उस अंधे का, क्या बिगड़ेगा
आँख हमारी, हमको ही तो पाप लगेगा

नोट की वोट

वोटर बोला दाबकर, दस रुपए का नोट
दे सकता हूँ आपको अपना सिंगल वोट
अपना सिंगल वोट, नोट यदि दूजा पाऊँ
घरवाली का वोट आपको और दिलाऊँ
कहँ 'काका' कवि, होंय जुगल जोड़ी के धंधे
भेजत रहु भगवान। आँख के ऐसे अंधे

न्यायालय में भ्रष्टाचार

न्याय प्राप्त करने गए, न्यायालय के द्वार
इसी जगह सबसे अधिक पाया भ्रष्टाचार
पाया भ्रष्टाचार, मिसल को मसल रहे हैं
ईंट-ईंट से रिश्वत के स्वर निकल रहे हैं
कहँ 'काका', जब पेशकार जी घर को आए
तनुखा से भी तिगुने नोट दबाकर लाए

पंचभूत

भाँड़, भतीजा, भानजा, भौजाई, भूपाल
पंचभूत की छूत से, बच व्यापार सम्हाल
बच व्यापार सम्हाल, बड़े नाज़ुक ये नाते
इनको दिया उधार, समझ ले बट्टे खाते
'काका' परम प्रबल है इनकी पाचन-शक्ती
जब माँगोगे, तभी झाड़ने लगें दुलत्ती

पंजाब-पुलिस

शहर एक पंजाब का, पीने पर प्रतिबंध
बोतल दाबे बगल में, मिले पियक्कड़ चंद
मिले पियक्कड़ चंद, पकड़ पहुँचाए थाने
पुलिसमैन के आगे, लगे आँख चमकाने
पीते हैं तो, क्यों हमको देता है धक्का
तुमने भी तो वर्दी पर, पी०पी० लिख रक्खा

पं॰ पेटूराम

पेट सुखी तो जग सुखी, और न दूजो काम
होंय निमंत्रण से सुखी, पंडित पेटूराम
पंडित पेटूराम, पेट की करते पूजा
पेट-धर्म के सिवा, धर्म नहिं जग में दूजा
कहँ 'काका' कविराय, नमक पीकर के जाते
पत्तल पर जो बचे बाँध घर को ले आते

पजामा बनाम पैंट

मोटे होते जा रहे मिस्टर अफलातून
पतली पड़ती जा रही दिन-प्रतिदिन पतलून
दिन-प्रतिदिन पतलून, देख फ़ैशन का ड्रामा
दाँत दिखाकर बोला चूड़ीदार पजामा
सुन 'काका' कविराय, एक दिन ऐसा आए
मेरी काया में मिस पैंट विलय हो जाए

पतिव्रता

कटुक बचन नित बोलकर, खोटी-खरी सुनाय
वही पतिव्रता नारि जो, पति से पहिले खाय
पति से पहले खाय, लाल अखियाँ चमकावै
मन में आवे तभी, भाग मैके को जावे
कहँ 'काका' कविराय, सुनो हे प्रेमपुजारी
पत्नीव्रता पुरुष ही, ऐसी का अधिकारी

पत्युपदेश

पति बनकर यदि, चाहते हो पत्नी का प्यार
जीवन अपना ढालिए, उसके ही अनुसार
उसके ही अनुसार, मिले यदि न्यू लाइट की
आलोचना करो मत उसके, चाल-चलन की
अगर पुराने ख़यालात की, पत्नी पाओ
ख़ैर इसी में है, उसके रँग में ढल जाओ

परमार्थ

श्री बरसातीलाल से, बोले मेढकराम
हम-तुम होकर संगठित, करें देश का काम
करें देश का काम, सुदृढ़ योजना बनाएँ
लक्ष्य रहे परमार्थ, स्वार्थ को दूर भगाएँ
मुख्य मंत्रिपद कौन सँभाले? बात अड़ गई
समझौते में आगे की तारीख़ पड़ गई

परिचय

'काका' बैठे ट्रेन में, जाना था कन्नौज
धमधूसर जी घुस पड़े, ले बच्चों की फ़ौज
ले बच्चों की फ़ौज, यात्रियों से लड़-लड़ के
ठूँस दिए सीटों में, ग्यारह लड़की-लड़के
हमने कहा कि– 'अपना कुछ परिचय दीजे सर'
बोले–'हम परिवार-नियोजन में हैं अफ़सर'

परीक्षा-दीक्षा

मंत्री जी का पुत्र प्रिय, रहने लगा उदास
इम्तहान नज़दीक है, याद नहीं इतिहास
याद नहीं इतिहास, युक्ति बतलाई काका
कॉपी पर लिख देना, नाम पता 'पापा' का
फर्स्ट डिवीजन मार्क्स, परीक्षक देगा तुमको
हो जाए यदि फेल, शूट कर देना मुझको

पवित्रता

तन पवित्र साबुन रगड़, धन पवित्र खा ब्याज
मन पवित्र गाली दिए, मिटत हिय की खाज
मिटत हिय की खाज, एक की पाँच सुनाओ
पंचशील सिद्धांत यही, सबको समझाओ
कहँ 'काका' कविराय, रह गए नाटो-सीटो
इसका अर्थ यही है, चांहो जिसको पीटो

पाँचों धाम

प्रातः थे कांग्रेस में, दुपहर को संघिस्ट
सोशलिस्ट तिपहर बने, सायं कम्यूनिस्ट
सायं कम्यूनिस्ट, और उत्साह दिखाया
इन्हें छोड़कर नाम क्रांतिदल में लिखवाया
'काका' शेख़ी मारें, चारों धाम कर लिए
लेकिन नेता जी ने पाँचों धाम कर लिए

पश्चात्ताप

पंडित पेटूराम जी! चूक गए इस बार
'अधिक मास' जिस वर्ष में आए थे दो क्वार
आए थे दो क्वार, घोषणा करवा देते
दोनों में ही पितृपक्ष दो रखवा देते
कहँ 'काका' कविराय, पेट ऊँचे हो जाते
सोलह दिन की जगह श्राद्ध बत्तीसों खाते

पाचन-शक्ति

कहा वैद्य ने देखकर 'बड़े सा'ब की नब्ज
रिश्वत खाने से अधिक, हुई आपको कब्ज
हुई आपको कब्ज, न इस सीजन में चूको
शिमला जाकर रिश्वत के नोटों को फूँको
कहँ 'काका' कवि, जब यह रिश्वत पच जाएगी
पाचन-शक्ति और भी आगे बढ़ जाएगी

पान की परिभाषा

साली से ससुराल में, बोले जीजा जान
डियर! बनाकर दीजिए, ऐसा प्यारा पान
ऐसा प्यारा पान, करारा होवे पत्ता
लगे इश्क़ का चूना, और हुस्न का कत्था
कहँ 'काका' कविराय, डाल चितवन की छाली
नखरे वाली लौंग लगाना, इसमें आली

पौराणिक तथ्य

द्वापर में अर्जुन बली, पहुँच गए पाताल
मिली 'अपोलो' सुंदरी, वर लाए तत्काल
वर लाए तत्काल, जुड़ गई रिश्तेदारी
पुरखों की ससुराल, हुई ननसाल हमारी
वक़्त-ज़रूरत, अमरीका से ले-लें क़र्ज़ा
और उसे कर जाएँ हज़म, तो भी क्या हर्ज़ा

प्रश्नोत्तर

प्रोफ़ेसर अखरोट से, बोले किशमिशलाल
'मास्साब! हल कीजिए, मेरा एक सवाल
मेरा एक सवाल, समझ में बात न भरती
मुर्ग़ी अंडों के ऊपर, क्यों बैठा करती'
'सर' ने कहा- 'प्रबंध शीघ्र ही करवा देंगे
मुर्ग़ी के कमरे में, कुर्सी डलवा देंगे'

फ़ाइल-महिमा

फ़ाइल, तू बड़भागिनी, कौन तपस्या कीन
नेता, अफ़सर, क्लर्क सब, हैं तेरे आधीन
हैं तेरे आधीन, मिनिस्टर बाहर जाते
पत्नी को घर छोड़, साथ तुझको ले जाते
कहँ 'काका' वादी-प्रतिवादी हा-हा खाएँ
जज, वकील, औ' ज़िलाधीश जी, शीश नवाएँ

फ़िल्मी फुलझड़ी

मेकप करके कार में, चली फ़िल्मस्टार
हाथ दे रही इधर को, उधर चलाती कार
उधर चलाती कार, सिपाही बोला-'मैडम
कर दूँगा चालान, ग़लत क्यों चलती हो तुम?'
'दिशा ज्ञान को हाथ नहीं मैं दिखा रही हूँ
ज़रा 'नेल-पालिश' गीली है, सुखा रही हूँ'

'फोरनर' बनाम फाइव नर

फ़स्ट क्लास की गैलरी, ट्रेन फ्रंटियर मेल
पाँच छात्रगण जम गए, चला ताश का खेल
चला ताश का खेल, 'आप घुस आए किसमें
होंगे वे डिस्टर्ब, फोरनर लेटे इसमें'
लड़का बोला- 'डरो नहीं, मिस्टर कंडक्टर
अगर फोरनर हैं वे, तो हम है 'फाइव नर'

फ़्लू-दर्शन

इंटरव्यू में छात्र की, बुद्धि रहे थे नाप
'फ्लू' क्या होता है, इसे बता सकेंगे आप
बता सकेंगे आपा, उछलकर बोला लल्लू
रंगों में 'ब्लू', गर्मी में 'लू' पक्षी 'उल्लू'
नेताओं में है प्रसिद्ध, जैसे 'दलबदलू'
उसी भाँति रोगों में भी इक होता है 'फ़्लू'

बंदर के वाल्व

अस्पताल में पड़े थे बाबा बेलनदास
लेकर कुछ फल-फूल हम, पहुँचे उनके पास
पहुँचे उनके पास, झपट्टा ऐसा मारा
फल गिर पड़े और कुर्त्ता, फट गया हमारा
खाकर हम पर तर्स, नर्स आई अंदर से
बोली– 'इनके दिल में वाल्व लगे बंदर के'

बाबाजी

बाबाजी की मौज है, बाँध लिया लंगोट
काम नहीं आराम से खायँ मुफ़्त की रोट
खायँ मुफ़्त के रोट, नहीं भोजन का टोटा
धमकाने के लिए धर्म का रखते सोटा
कहँ 'काका' कविराय, सुनो बाबा की चेली
सात जन्म का हाल, पूछ लो दिखा हथेली

बालक-बुद्धि

थे पिकनिक के मूड में, चुन्नू-पुन्नू यार
चले नहाने झील में, कुरते दिए उतार
कुरते दिए उतार, दृश्य यह देखा आकर
आँधी, दोनों कुरतों को ले गई उड़ाकर
चुन्नू बोला–बच्चों को भगवान बचाते
पहिने होते कुरते तो हम भी उड़ जाते

बुढ़ापे का विवाह

ब्याह बुढ़ापे में किया, मिली अनोखी जोट
लालाजी हैं पिलपिले, लालीजी अखरोट
लाली जी अखरोट, सिल रही उनकी चोली
निगल रहे हैं लालाजी! ताक़त की गोली
कहँ 'काका' फिर भी, करंट नहिं आया तन में
मार तमंचा मर जाऊँ, यह आई मन में

बुढ़ापे की खीज

अरे बुढ़ापे बावरे, तू क्या देखै मोहि?
पुनर्जन्म यौवन मिले, तब देखूँगा तोहि
तब देखूँगा तोहि, उपेक्षा करते चाकर
उत्तर देतीं बहू-बेटियाँ, मुँह मटकाकर
बैठक में बाबा, बच्चों को खिला रहे हैं
या कुत्ता-बिल्ली को डंडा दिखा रहे हैं

बुढ़ापे की होली

होली पर हर साल ही, मन में रहे मलाल
साली कोई है नहीं, किसके मलें गुलाल
किसके मलें गुलाल, तसल्ली कर लेते हैं
काकी के बूढ़े गालों पर, मल देते हैं
कहँ 'काका' कवि, जैसे भोजन कै बिन थाली
ऐसे ही साली बिन लगता, जीवन ख़ाली

बेकारी

बेकारी में खाट पर, लगा रहे हैं लोट
मन न लगा तो छत्त की, गिनने लागे सोट
गिनने लागे सोट, राज जब आया अपना
गेहूँ-चीनी-दूध, हो गया हमको सपना
कहँ काका', जैहिंद नहीं लेते अब 'नक्कू'
आप कर रहे मौज, चल रहा हम पर चक्कू

बेचारा अध्यापक

कौन जन्म के हुए प्रभु, उदय हमारे पाप
अध्यापक बन, कर रहे, प्रायश्चित चुपचाप
प्रायश्चित चुपचाप, छात्र-जीवन जब पाया
हुई तनिक-सी भूल, गुरु का डंडा खाया
पिटना जारी है अध्यापक बनते-बनते
तब गुरु से पिटते थे, अब चेलों से पिटते

मंत्री-पुत्र

रसगुल्ले सब खा लिए और मिठाई छोड़
मम्मी से कहने लगा मुन्ना नाक सिकोड़
मुन्ना नाक सिकोड़, सख़्त हैं लड्डू ऐसे
तुम्हीं बताओ मम्मी इनको तोड़ूँ कैसे?
'तोड़ लिए तेरे पापा ने चार विधायक
तुझसे लड्डू नहीं टूटता है नालायक?'

भात बनाम भत्ता

देख अजगरानंद का, लंबा-चौड़ा रूप
हाथ जोड़ हमने कहा, हे निष्काम स्वरूप
हे निष्काम स्वरूप, निछावर तुम पर जन-मन
किस चक्की का पिसा हुआ, खाते हो भगवन्
सुन 'काका' कविराय, पकड़ सत्ता का पत्ता
दाल-भात को त्याग, प्रेम से खाओ भत्ता

भूत महँगाई का

दिन-दिन बढ़ती है उधर, जातिवाद की छूत
इधर ग़रीबी ला रहा, महँगाई का भूत
महँगाई का भूत, लूट होती है दिन में
रेल और बस लुटें, व्याप्त है भय जन-गण में
भ्रष्ट मुनाफ़ाखो़र, अर्थ पर डालें डाका
देख रहे हैं टुकुर-टुकुर सत्ता के क़ाका

मंद्र सप्तक के कवि

बने-ठने, रस में सने, आए श्री नवनीत
श्रोताओं तक आपका, पहुँच न पाया गीत
पहुँच न पाया गीत, पंक्तियाँ फिर दुहराईं
जनता से ऊँची-नीची, आवाज़ें आईं
हमने कवि से कहा– 'शोर पर ध्यान न धरिए
आप 'मंद्र सप्तक' के कवि हैं, धीरे पढ़िए

मद्य-निषेध

नेता जी के वास्ते, खड़ी द्वार पर कार
भाषण मद्य-निषेध पर, नहीं हुआ तैयार
नहीं हुआ तैयार, ज़ोर तो बहुत लगाया
कोई न्यू प्वाइंट, खोपड़ी में न समाया
'काका' जब दो-चार, पिए व्हिस्की के प्याले
भाषण सुनकर, झूम उठे सब सुनने वाले

महँगाई कुंडली

पॉकिट में पीड़ा भरी, कौन सुने फरियाद?
यह महँगाई देखकर, वे दिन आते याद
वे दिन आते याद, जेब में पैसे रखकर
सौदा लाते थे बज़ार से थैला भरकर
धक्का मारा युग ने, मुद्रा की क्रेडिट में
थैले में रुपए हैं, सौदा है पॉकिट में

महँगाई क्यों?

जब तक सोफ़ों में भरे, दो नंबर के नोट
तब तक जनता पर पड़े, महँगाई की चोट
महँगाई की चोट, व्यर्थ है सारी कोशिश
नित्य नई हड़तालों के, आते हैं नोटिस
उत्पादन कम, व्यय ज़्यादा, फिर दंगमदंगा
ले जाएगी कहाँ, हमें यह उल्टी गंगा

महँगाई बनाम फ़ैशन

नाइलोन की शर्ट पर टेरेलिन की पैंट
'उल्लू क्लब' का हो गया, लल्लू प्रेसीडैंट
लल्लू प्रेसीडैंट, पिता जी खाएँ चक्कर
गृहिणी माँगे–चून, तेल, घी, चावल, शक्कर
कहँ 'काका' कविराय, भली आज़ादी आई
फ़ैशन बाढ़ी उधर, इधर बाढ़ी महँगाई

मायाराम

दिन दूनी बढ़ने लगी, जोड़-तोड़ की होड़
स्वारथ ने सिद्धांत का, दिया झोंपड़ा फोड़
दिया झोंपड़ा फोड, मिल गए अधिक दाम जी
मिस्टर आयाराम, बन गए 'गयाराम' जी
काका, बढ़ते-बढ़ते ऊँचे दाम हो गए
'गयाराम' कुछ दिन में 'मायाराम' हो गए

माता

गृहिणी खटिया पर पड़ी, व्याकुल घर के लोग
मुँह पर दाने-से उगे, समझ न पाए रोग
समझ न पाए रोग, वैद्य तत्काल बुलाया
इनके माता निकली है, उसने समझाया
कहँ 'काका' कविराय, धन्य-रे-धन्य विधाता
माँगी पत्नी, किंतु भेज दी तुमने माता

मिट्टी का शेर

चुपके से मुँह ढँक लिया, घुस आए जब चोर
डर के मारे तनिक भी, किया न हमने शोर
किया न हमने शोर, ले गए टाला-माला
पर लिहाफ़ से बाहर हमने मुँह न निकाला
कहँ 'काका' कविराय, दरोगाजी घर आए
लिखा दिया यह- 'जान बच गई लाखों पाए'

मिनिस्टरी का नुस्खा

छात्र प्रशंसा-पात्र वह, जो 'दादा' कहलाय
दादा से 'नेता' बने, तोड़-फोड़ अपनाय
तोड़-फोड़ अपनाय, पढ़ाई में क्या रक्खा
मारा-मारा फिरे, व्यर्थ खाएगा धक्का
बहुत हुआ तो बन जाए, प्रोफ़ेसर, अफ़सर
यदि नेता बन गया, शीघ्र हो जाए मिनिस्टर

मिस मंसूरी

माल रोड पर देखिए, मस्त नशीली चाल
स्लीव-लैस बुश्शर्ट पर, बीटल-जैसे बाल
बीटल-जैसे बाल, प्यार से पूछा हमने
क्यों बेटा! यह ड्रैस कहाँ, सिलवाया तुमने
हो करके नाराज़, लगाई उसने झिड़की
हमने लड़का समझा था, वह निकली लड़की

मुफ़्त रस

टिल्लू जी घर से चले, एक रूपैया दाब
हलवाई से पूछते, रसगुल्ले क्या भाव
रसगुल्ले क्या भाव, रूपे के चार मिलेंगे
रस जितना चाहोगे, उतना फ्री दे देंगे
टिल्लू जी ने कहा– 'सुनो हलवाई भइए
रसगुल्ले तुम रखो, हमें केवल 'रस' चहिए'

मुर्ग़ी या अंडा

तर्कशास्त्रियों से मिले, किया विश्व का टूर
किंतु न अब तक हो सकी, शंका अपनी दूर
शंका अपनी दूर, थके पंडित आचारी
सर्वप्रथम पृथ्वी पर, नर आया या नारी
कहँ 'काका' कवि, प्रथम पार्टी बनी कि झंडा
मुर्ग़ी पहले आई, अथवा आया अंडा

मृत्यु-कर

कालि मरे सो आज मर, आज मरे सो अब्ब
मृत्यु-कर तो लग गया, फेरि मरेगा कब्ब
फेरि मरेगा कब्ब, समय आया है खोटा
जितना जीवे और, रहेगा तुझको टोटा
कहँ 'काका', सब जमा-ख़र्च की चुकती करके
कौड़ी-कौड़ी ले जाना छाती पर धरके

मोटी पत्नी

ढाई मन से कम नहीं, तोल सके तो तौल
किसी-किसी के भाग्य में, लिखी ठोस फुटबौल
लिखी ठोस फुटबौल, न करती घर का धंधा
आठ बज गए किंतु पलंग पर पड़ा पुलंदा
कहँ काका कविराय, खाय वह ठूँसमठूँसा
यदि ऊपर गिर पड़े, बना दे पति का भूसा

रामराज में कामराज

विधना यह कैसा हुआ, अद्‌भुत एक्सीडेण्ट
छूटी कोठी-कार सब, छूट गए सर्वेण्ट
छूट गए सर्वेण्ट, रात-भर पड़े कराहें
मुख झूठी मुस्कान, निकलतीं दिल से आहें
कहँ 'काका' कवि, प्रभो! दिखाई कैसी माया
रामराज में कामराज, कैसे घुस आया

राष्ट्रगान का लाभ

चोरी करने के लिए, घुसे गली में चोर
कुत्ते भौंके, मच गया, 'चोर-चोर' का शोर
चोर-चोर का शोर, सँभाले डंडा लठिया
चोरों ने 'जन गण मन', गाना शुरू कर दिया
खड़ी हो गई भीड़, 'अटैंशन' में सब आकर
चोर भग गए, राष्ट्रगान का लाभ उठाकर

रिश्वत-महिमा

कूटनीति मंथन करी, प्राप्त हुआ यह ज्ञान
लोहे से लोहा कटे, यह सिद्धांत प्रमान
यह सिद्धांत प्रमान, ज़हर से ज़हर मारिए
चुभ जाए काँटा, काँटे से ही निकालिए
कहँ काका कवि, काँप रहा क्यों रिश्वत लेकर
रिश्वत पकड़ी जाए छूट जा रिश्वत देकर

रिश्वतरानी

रिश्वतरानी धन्य तू, तेरे अगणित नाम
हक़-पानी, उपहार औ' बख़्शिश, घूस इनाम
बख़्शिश, घूस, इनाम, भेंट, नज़राना पगड़ी
तेरे कारण खाऊमल की, इनकम तगड़ी
कहँ 'काका' कविराय, दौर-दौरा दिन-दूना
जहाँ नहीं तू देवि! महकमा है वह सूना

रेनी लव

भीग रहीं बरसात में, टपटप नीर चुचाय
मुख-मंडल मोती ढुलें अँचरा उड़-उड़ जाय
अँचरा उड़-उड़ जाय, न कोई रिश्ता-नाता
फिर भी तान दिया, मिस्टर ने मिस पर छाता
तनिक मुस्करा गई, और फिर चुप्पी साधी
समझ लिजिए 'रेनी लव' की स्वीकृति आधी

लंबाई दुखदाई

सब्ज़ी-मंडी में घुसे, मेजर लंबूराम
पके पपीता आपने, समझे कलमी आम
समझे कलमी आम, दाम इनके बतलाओ
और उधर वह नींबू कैसे हैं, दिखलाओ
दुकानदार बोला-हुजूर 'अंदाज़ न फेंको
नींबू नहीं, संतरे हैं ये, झुककर देखो'

लखपति

नीची-नीची नज़र कर, चलिए आँख गढ़ाय
ना जाने किस राह में, नोट पड़ा मिल जाय
नोट पड़ा मिल जाय, खेल फिर जूआ सट्टा
लग जाए जो दावँ, बाँध नोटों का गट्ठा
कहँ 'काका' कविराय, भाग्य यदि फलता जाए
कुछ दिन में ही शीघ्र, लखपति तू हो जाता

लव-लीला

लव-मतलब

लव का मतलब समझिए, लव के लाख प्रकार
बेमतलब मत लव करो, मतलब का संसार
मतलब का संसार, बनाकर लवली मैटर
लव की तलब लगे, लिख दो उनको लवलैटर
लव में हो लवलीन, घुसो लव की रग-रग में
जिसने लव नहिं किया, व्यर्थ जन्मा इस जग में

मनी लव

जिसमें लव का सैंस हो और बैंक बैलेंस
कम-से-कम दस लाख का लाइफ़-इंश्योरेंस
लाइफ़-इंश्योरेंस, लाज का परदा फाड़ो
'इमिटेशन' लव के लटकों से उसे पछाड़ो
ऐसे लव का ढब बतला दो मिस किसमिस को
फँस जाए जब धनी, 'मनी लव' कहते इसको

एक्सीडैंटल लव

रिक्शे से टकरा गईं देखा एक्सीडैंट
जूड़ा उनका खुल गया, क्रैक हो गई पैंट
क्रैक हो गई पैंट, रास्ता चिकना ढालू
जूड़े में से निकल सड़क पर भागा आलू
'काका' आलू पकड़ कहा, यह लीजे सिस्टर
इसको 'एक्सीडैंटल लव' कहते हैं मिस्टर

सैंटीमैंटल लव

नाइट शो के वास्ते किया उन्हें एंगेज
बांलकनी में हो गया लव-प्याला लवरेज
लव-प्याला लवरेज, प्यार की आहें भरते
हीरो जैसा करे, क्रिया वैसी ही करते
कभी हँस पड़ें, कभी आँख में भर लें पानी
इसको 'सैंटीमैंटल लव' कहते हैं ज्ञानी

एक्सचैंज लव

देख पश्चिमी सभ्यता, काका आँखें खोल
शीरीं लेकर साथ में मजनूँ करे किलोल
मजनूँ करे किलोल, चकित सब छैली-छैला
पकड़ हाथ फरहाद डांस करती है लैला
बदल प्रेयसी, लव से बल मिलता दिन-दूना
'एक्सचैंज लव' का यह 'एक्सीलैंट' नमूना

फ़िल्मी लव

अरबपती के पुत्र प्रिय, मन में उठी उचंग
मैं तो शादी करूँगा, हीरोइन के संग
हीरोइन के संग, जाति-कुल भेद मिटाऊँ
फादर करें विरोध ज़हर खाकर मर जाऊँ
कहँ काका कवि, मात-पिता की डूबी नैया
ऐसे लव को 'फ़िल्मी लव' कहते हैं भैया

बॉस लव

आकर्षित हों आपसे, आफ़िस के सरकार
रूप-रंग पर रीझकर, हो जाएँ बलिहार
हो जाएँ बलिहार, सभी प्रतिबंध हटा दें
आप ग़ैरहाज़िर हों वे हाज़िरी लगा दें
'काका' ऐसा लव नसीब होता है जिसको
आस-पास के दास 'बॉस लव' कहते उसको

गेम लव

लगा बैडमिंटन हमें, सबसे अच्छा गेम
जितने 'लव' होते चलें, उतना बढ़ता प्रेम
उतना बढ़ता प्रेम, भावना में बह जाओ
'शटलकॉक' का 'शॉक' लगे दिल को सहलाओ
कहँ काका, जब नैन लड़ें फीमेल-मेल में
बिना कहे हो गया 'गेम लव' खेल-खेल में

ड्रिंक लव

दिन में मद्य-निषेद्य पर, भाषण दें श्रीमान्
क्लब में जाकर रात्रि को, करें सोमरस पान
करें सोमरस पान, बार में झोंका खाएँ
राम छोड़, रम और रमी से मन बहलाएँ
काका, जब प्याले से प्याला टकराता है
बिना जान-पहचान, 'ड्रिंक-लव' हो जाता है

दशम लव

सखी, सिविल मैरिज करो, अच्छा रहे मज़ाक
माल चूस मनहूस का, दे दो उसे तलाक़
दे दो उसे तलाक़, त्याग की महिमा भारी
बदल-बदल शौहर, ज़ौहर दिखलाए नारी
नौ पति छोड़ चुकी हो, उसे 'नवीना' मानो
दसवें से लव करे, 'दशम लव' उसको जानो

काले धन की खोज का, चला विकट अभियान
कलाकार चिल्ला रहे, रक्षा कर भगवान
रक्षा कर भगवान, लगा यह धक्का गहरा
घर-बँगलों पर बैठा दिया, प्रुलिस का पहरा
हमने किए इकट्ठे नोट, नाच-गा-गाकर
करके 'लाकर' सील, कह रहे ला-कर, ला-कर

'लाल तिकोन' से

बोला 'लाल तिकोन' से, संघी नेता एक
क्यों बच्चों के जन्म पर, लगा रहे हो ब्रेक?
लगा रहे हो ब्रेक, अधर में लटक रही हैं
बिना जन्म के लाखों आत्मा भटक रही हैं
कृपा करो भगवान् लगा दो इन्हें किनारे
जनसंख्या के साथ, बढ़ेंगे वोट हमारे

लूटनीति

कूटनीति से भी बड़ी, लूटनीति की चाल
गज से लड़ने के लिए गधा ठोंकता ताल
गधा ठोंकता ताल, तमाशा देखा ऐसा
पीठ थपथपाता गदहे की चीनी भैंसा
कहँ 'काका', ख़तरे से आँखें मूँद रहे हैं
लेकर कंजरकोट कंजरे कूद रहे हैं

लोकतंत्रीय प्रेम

ऋषि-मुनि-साधू संत सब, किया प्रेम गुणगान
प्रेम-रूप यह जगत् है, प्रेम-रूप भगवान
प्रेम-रूप भगवान, प्रेम का पता लगाया
'काका' ने कलियुगी प्रेम सर्वोत्तम पाया
गले मिलो तब दो हिस्सों में प्रेम बाँट लो
करो हृदय से प्रेम, हाथ से जेब काट लो

वकील

वकील करते प्रार्थना, क़लम चले सरपट्ट
भाई-भाई में चलें, चाकू-गोली-लट्ठ
चाकू-गोली-लट्ठ, मुवक्किल भागे आएँ
उनकी पॉकिट मेरी पॉकिट में आ जाएँ
केस लड़े वर्षों तक, कोई टरे न टारे
हारे सो मर जाय, और जीते सो हारे

वर-विरोध

सेठ भिखारीदास का बेटा लखमीचंद
शादी को बेचैन था, एक नेत्र था बंद
एक नेत्र था बंद, रात-दिन आहें भरता
शिवशंकर की पूजा नित्य नियम से करता
भोले हुए प्रसन्न, कहा- 'वर माँगो भइए'
वह बोला- 'वर नहीं मुझे तो कन्या चाहिए'

वित्तमंत्री से इंटरव्यू

वित्तमंत्री से मिले, काका कवि अनजान
प्रश्न किया 'क्या चाँद पर रहते हैं इंसान?'
रहते हैं इंसान, मारकर एक ठहाका
कहने लगे कि तुम बिल्कुल बुद्धू हो 'काका'
अगर वहाँ मानव होते हम चुप रह जाते
अब तक सौ दो सौ करोड़ क़र्ज़ा ले आते

विदा-बेला

गाजे-बाजे से चली, होकर विदा बरात
बहू बिचारी रो रही, हाय पिता, हे तात
हाय पिता, हे तात, विदेशी एक बराती
लगा पूछने– 'लड़की क्यों रोती-चिल्लाती'
कहँ 'काका', इसलिए रो रही है यह बाला
इतना लिया दहेज, पिता नंगा कर डाला

विरहिनी

रोते-रोते बह गई, दृग-काजल की ओर
ऐसे नालायक मिले, सैंया हमें कठोर
सैंया हमें कठोर, फट गई दिल की झिल्ली
छोड़ अकेली हमें, आप रहते हैं दिल्ली
कहँ 'काका' कविराय, सखी सब झूलें-झूला
मो विरहिन के भाग, लिख दिया चक्की चूल्हा

विरही

सावन में सिंगल रहे, घटा उठी घनघोर
फूट-फूटकर रो रहा, मेरे मन का मोर
मरे मन का मोर, आप तो झूलें झूला
सूखी रोटी चबा रहा, होटल में दूल्हा
कहँ 'काका' कविराय, घोंसला अपना ख़ाली
मैके में मन रही, तीन उनकी हरियाली

विधाता की भूल

ईश्वर ने आरंभ में, किया विश्व-निर्माण
पुनः बनाया आदमी, डाले उसमें प्राण
डाले उसमें प्राण, प्रभू फूले न समाएँ
'एक आइटम इससे बढ़िया और बनाएँ'
बढ़ा-चढ़ाकर गढ़ा सुघड़ नारी के तन को
तबसे चैन न नर को मिला, न नारायण को

शंका

बोले कथा-प्रसंग में, पंडित सीताराम
नारी के पश्चात् ही, आता नर का नाम
आता नी का नाम, कि राधेश्याम कहाते
गौरीशंकर, लक्ष्मीनारायण गुण गाते
कहँ 'काका', शंका कर बैठा मैकू मिस्त्री
'शास्त्री' में तो पहिले, 'शा' है पीछे 'स्त्री'

शब्द-सामर्थ्य

शब्दों की सामर्थ्य भी, हो जाती है व्यर्थ
आगे-पीछे कीजिए, बदल जाएगा अर्थ
बदल जाएगा अर्थ, आप खाते-पीते हैं
इसका मतलब हुआ, सुखी जीवन जीते हैं
'काका' ने कह दिया, आप 'पीते-खाते हैं'
यह सुनकर बाबू जी, हम पर गुर्राते हैं

सत्य और झूठ

साले की बारात में, जाना हमें ज़रूर
लेकिन साहब ने नहीं, छुट्टी की मंजूर
छुट्टी की मंजूर, गए डाक्टर पर भागे
दो रुपए का-नोट रख दिया उनके आगे
कहँ 'काका' कविराय, पिला रिश्वत की घुट्टी
उसी समय मंजूर हो गई अपनी छुट्टी

सत्रह रस

काव्य-कौमुदी में मिला, अद्भुत रस भंडार
रौद्र, भयानक, वीर रस, करुण, हास्य,शृंगार
करुण, हास्य,शृंगार, शांत, वीभत्स दिखाए
काकी ने चौके में, षट्रस और बताए
हमने प्रश्न किया तो, क्या पंद्रह रस हैं बस
दो रस तो रह गए, हाथरस और बनारस

सफल प्रत्याशी

प्रत्याशी बनकर धँसे, लड़ने लागे जंग
किंतु बीच में पड़ गया, अपना फीका रंग
अपना फीका रंग, उधर से आया न्यौता
बैठ गए चुपचाप किया आर्थिक समझौता
धर्म-कर्म-ईमान जाएँ चूल्हे-भट्टी में
'काका' के नारायण, नोटों की गड्डी में

सफल नेता

सफल राजनीतिज्ञ वह, जो जन-गण में व्याप्त
जिस पद को वह पकड़ ले, कभी न होय समाप्त
कभी न होय समाप्त, घुमाए पहिया ऐसा
पैसा से पद मिले, मिले फिर पद से पैसा
कहँ 'काका', यह क्रम न कभी, जीवन-भर टूटे
वह नेता है सफल, और सब नेता झूठे

सफल लेखक

दस ग्रंथों से टीप कर, पुस्तक की तैयार
पुरस्कार उस पर मिला, धन्य-धन्य सरकार
धन्य-धन्य सरकार, लेखनी सरपट रपटे
सूझ-बूझ मौलिकता, भय से पास न फटके
जोड़-तोड़ में कुशल, पहुँच हो ऊँची जिसकी
धन्य होय साहित्य, बोलती तूती उसकी

समझ का फेर

तोता लाए बेचने, मियाँ फक़ीरुद्दीन
ले लो इसको शेख़ जी, राग जानता तीन
राग जानता तीन, आप फरमाइश करिए
बागेश्री-हिंडोल-बिलावल, कुछ भी सुनिए
कहा शेख़ ने- 'नहीं' चाहिए ले जा इसको
'शास्तरीय' संगीत, पसंद नहीं है हमको'

समान अधिकार

चलो रेलवे-बोर्ड में, रक्खें अपनी माँग
देवी जी अर्द्धांगिनी, हम भी हैं अर्धांग
हम भी हैं अर्धांग, बराबर देते पैसा
है समान अधिकार, जनाना डिब्बा कैसा
'काका' बैठ जायँ तो, वे फटकार लगातीं
लेकिन वे मर्दाने डिब्बे में घुस जातीं

सस्ती कविता

सस्ती कविता जम गई, नहीं समझना झूठ
जब महँगी कविता पढ़ी, तभी हो गए हूट
तभी हो गए हूट, कट गए पत्रम्-पुष्पम्
अपने पैरों आप, कुल्हाड़ी क्यों मारें हम
काका, उन श्रोताओं को उपदेश न भाएँ
सम्मेलन में जो मनरंजन करने आएँ

सहनशक्ति

साहब ने आर्डर दिया, लाओ ऐसा क्लर्क
जो दफ़्तर में कर सके बारह घंटे वर्क
बारह घंटे वर्क, तर्क में समय न खोए
डाँटो फटकारो, फिर भी नाराज़ न होए
'काका' ऐसी सहनशक्ति का पता लगाया
यह गुण शादी-शुदा बाबुओं में ही पाया

सावधान

नेताजी जब आपसे, स्वयं मिलाएँ हाथ
समझो गहरा राज़ है, भैया भोलानाथ
भैया भोलानाथ, दाल में कुछ काला है
भला-बुरा कुछ-न-कुछ, आज होनेवाला है
हाथ छुड़ाकर सर्वप्रथम, यह काम कीजिए
पाँचों उँगली सही-सलामत, देख लीजिए

सिनेमा की सनक

बहरा बोला पकड़कर, सूरदास का हाथ
चलो सिनेमा देखने, आज हमारे साथ
आज हमारे साथ, हँसी अंधे को आई
बिन आँखों के वहाँ, हमें क्या देय दिखाई
तब बहरे ने कहा–'बड़े मूरख हो प्यारे
देखें मेरी, आँखें सुनेंगे कान तुम्हारे

सीमेंट का थैला

हे थेला सीमेंट के, तुम्हें नवाऊँ माथ
घंटों से 'क्यू' में खड़े, लेकर अर्जी हाथ
लेकर अर्जी हाथ, हाय तकदीर हमारी
साहब कुर्सी छोड़ गए, तब आई बारी
कहँ 'काका' कविराय, मुफ़्त में धक्के खाए
नहीं हुए तुम प्राप्त, लौट घर बुद्धू आए

सूझ-बूझ

मीटिंग हुई चुनाव की, माँग रहे थे वोट
पत्थर आया मंच पर, लगी विरोधी-चोट
लगी विरोधी-चोट, पार्टी के अधिकारी
अस्पताल ले जाने की कर रहे तैयारी
नेता बोला दुर्घटना का लाभ उठाओ
सबसे पहले फ़ोटोग्राफ़र को बुलवाओ

सुपुत्र

पढ़-पढ़कर पत्थर भए, लिख-लिखकर कमज़ोर
चढ़ जा बेटा छत्त पर, ले पतंग अरु डोर
ले पतंग अरु डोर, दनादन पेंच लड़ावै
पानी अच्छा लगे न उसको, रोटी भावै
कहँ 'काका' कवि, प्यास लगै तो पीवै बीड़ी
ऐसा पूत सपूत, तार दे सातों पीढ़ी

स्वतंत्रता का नमूना

बिना टिकिट के ट्रेन में चले पुत्र बलवीर
जहाँ 'मूड' आया वहीं, खींच लई ज़ंजीर
खींच लई ज़ंजीर, बने गुंडों के नक्कू
पकड़ें टी.टी. गार्ड उन्हें दिखलाते चक्कू
गुंडागर्दी, भ्रष्टाचार बढ़ा दिन-दूना
प्रजातंत्र की स्वतंत्रता का देख नमूना

स्वतंत्र पत्नी

बाबूजी को सौंपकर घर का सारा काम
घूम रही हैं पार्क में बीवी बिना लगाम
बीवी बिना लगाम, छोड़ प्रीतम पर लल्ला
साथ ले गईं गोदी में अलस्येशन पिल्ला
कहँ 'काका' कविराय, लौट जब घर को आईं
बोलीं आँख तरेर, न अब तक चाय बनाई?

स्वास्थ्य-विज्ञान की उल्टी गंगा

कब्ज व दुर्बलता

वैद्य-डाक्टर को कभीं, मत दिखलाओ नब्ज़
ठूँस-ठूँस कर खाइए, भाग जायगी कब्ज़
भाग जायगी कब्ज़, बढ़े दिन-दूनी चरबी
खाउ उर्द की दाल, मिलाकर भिंडी-अरबी
कहँ 'काका' कवि रोज़ रात को रबड़ी चाटो
जियो सवा सौ वर्ष, मौज़ में जीवन काटो

हैजा व जूड़ी

हैजा जब हो जाय तो खाओ ककड़ी-फूट
यदि मर जाओ तो मुझे, कर देना तुम 'शूट'
कर देना तुम 'शूट', कूटकर सूखी पूड़ी
तीन दिनों तक खाय, भाग जाएगी जूड़ी
कहँ 'काका' कविराय, कँपकँपी आवे तन में
कर कुनैन का कीर्तन, प्यारे मन-ही-मन में

बुखार

लंघन कबहुँ न कीजिए, जो आजाय बुखार
खाकर देखो, तेल की गरम कचौड़ी चार
गरम कचौड़ी चार, दूर हो सर्दी-बादी
इतने पर भी यदि बुखार हो जाए म्यादी
कहँ 'काका' कविराय, माँगकर लाओ मट्ठा
हट्टा-कट्टा बनो रायता पीकर खट्टा

जुकाम

पिन्न-पिन्न हो नाक में, सर में होवे दर्द
सुंदर नारी देखकर, आहें भरिए सर्द
आहें भरिए सर्द, अगर पड़ जाएँ चप्पल
सब जुकाम झड़ जाय, ठीक हो जाए अक्कल
कहँ 'काका' कविराय, व्यर्थ हैं मिर्च-बताशा
यह नुस्खा अजमाइ, देखिए नया तमाशा

निमोनिया

छाती के जिस भाग में होती होवे पीर
उसी जगह चिपकाइए 'टुनटुन' की तस्वीर
टुनटुन की तस्वीर, रोग सब होवे ठंडा
क्लब में जाकर खेल मज़े से गिल्ली-डंडा
कहँ 'काका' कविराय, तरक्की करते जाओ
बनकर प्रेमी, प्याले पर प्याला लुढ़काओ

पायोरिया

गर्म-गर्म भोजन करो, निगल जाउ झटपट्ट,
उसके ऊपर बर्फ का पानी पी गटगट्ट।
पानी पी गटगट्ट, अहिंसा-व्रत जो धारें,
मंजन करके मुख-कीटों को कभी न मारें।
कहँ 'काका', कुछ दाँत गिर पड़ें तो क्या हानी,
लाखों रुपए कमा गया 'भूडो-अडवानी'।

नकसीर

अगर आपकी नाक से चले बराबर ख़ून,
गरमागरम चबाइए मूँगफली को भून।
मूँगफली को भून, जून में कभी न न्हाओ,
काया को छह घंटे दिन में धूप दिखाओ।
कहँ 'काका' कवि, यह औषधि है सबसे पक्की,
शीघ्र ठिकाने पर आ जाती इससे नक्की।

नेत्र-रोग

नेत्र-रोग के विषय में, शास्त्रों का यह लेख
जेब काटकर बाप की, नित्य सिनेमा देख
नित्य सिनेमा देख, एक हो जाए कानी
एक आँख से देख, नहीं इसमें कुछ हानी
कहँ 'काका', यदि बिलकुल ही हो जाए अंधा
हो भवसागर-पार, पकड़ 'प्रेयसि' का कंधा

टी॰बी॰

कफ-खाँसी के रोग में, खाउ खटाई-तेल
रमणपुरी में पहुँचकर, दंड रात-भर पेल
दंड रात-भर पेल, सुबह के दस बज जाएँ
लात मार, जो इससे पहले तुझे जगाएँ
कहँ 'काका' कविराय, सुनो बाबू की बीबी
दे दो उन्हें तलाक़ अगर हो जाए टी॰बी॰

अग्निमान्द्य

अग्निमान्द्य हो जाय तो, खा कच्चे आगरूद
दोनों मुट्ठी बाँधकर छह फुट ऊँचा कूद
छह फुट ऊँचा कूद, एक दर्जन ला केला
धीरे-धीरे निगल बैठकर आप अकेला
कहँ 'काका' कवि, इस युक्ती से पेटू राजा
अग्नि इस कदर बढ़े कि चाहे जिसको खा जा

सन्निपात

सन्निपात हो जाय तो होना नहीं अधीर
मालपुआ से खाइए, लगा-लगाकर खीर
लगा-लगाकर खीर, वायु के आएँ झटके
जो भी आए पास, उसे पीटो बेखटके
कहँ 'काका' कवि, छुट्टी है, चाहे जो तू खा
मरना ही है, तो फिर क्यों मरता है भूखा?

हजूर और मजूर

भौंदूमल से छिड़ गया, औंधूमल का तर्क
कहो, हजूर-मजूर में, क्या होता है फ़र्क
क्या होता है फ़र्क, न कुछ निर्णय हो पाया
कूद बीच में, हमने यह, जजमैंट सुनाया
जिसके नीचे कार जान लो वह 'हजूर' है
जिसके ऊपर कार, मान लो वह 'मजूर' है

पेट-गति

या अनुरागी पेट की, गति समुझे नहिं कोय
जेतौ भोजन डारिए, तेतौ ऊँचौ होय
तेतौ ऊँचौ होय, फूलकर होवे तंबू
हाथ फेरकर मुख से बोलो 'हर-हर शंभू'
कहँ 'काका', ऐसी डकार आएगी फौरन
लारी ओवरलोड दे रही जैसे हौरन

शिक्षा-पद्धति

बाबू सर्विस ढूँढते, थक गए करके खोज
अपढ़ श्रमिक को मिल रहे, साठ रुपैया रोज़
साठ रुपैया रोज़, इल्म को कूट रहे हैं
ग्रेजुएट जी रेल और बस लूट रहे हैं
पकड़े जाएँ तो शासन को देते गाली
देख लीजिए शिक्षा-पद्धति की खुशहाली

हाउस फुल

स्वर्ग-नरक पर व्यर्थ क्यों करते तर्क-वितर्क
लिखा भाग्य में नर्क तो क्या पड़ता है फ़र्क
क्या पड़ता है फर्क, होंय क्यों काका व्याकुल
बोर्ड नरक पर लगा, लिखा उस पर 'हाउसफुल'
होंय विवश यमराज स्वर्ग में भिजवा देंगे
अथवा मर्त्यलोक को वापिस करवा देंगे

हिंदी-प्रेम

हिंदी-हिंदू-हिंद का, जिनकी रग में रक्त
सत्ता पाकर हो गए, अँगरेज़ी के भक्त
अँगरेज़ी के भक्त, कहाँ तक करें बड़ाई
मुँह पर हिंदी-प्रेम, हृदय अँगरेजी छाई
शुभचिंतक श्रीमान, राष्ट्रभाषा के सच्चे
'कानवेण्ट' में दाख़िल, करा दिए हैं बच्चे

हिप्पीवाद

'काका' हिप्पीवाद से क्यों घबराते आप?
'हरे कृष्ण' की आड़ में छिपें हज़ारों पाप
छिपें हज़ारों पाप, साथ में हिप्पिन चेली
अलकोहल की गंध, वासना की रँगरेली
इस बिलायती नुस्खे से मिट जाता है ग़म
रहो लगाते दम्म, कि जब तक है दम में दम

ससुर की तलाश

ऐसा ससुर तलाशिए, पैसे वाला नेक
उसके घर में पली हो, लल्ली केवल एक
लल्ली केवल एक, ससुर-घर बनो जँवाई
धन-दौलत पर बैठ, मारते रहो मलाई
मैका औ' ससुराल मिक्स हो जाते हैं जब
पति-पत्नी भी वहीं फिक्स हो जाते हैं तब

स्वास्थ्य का राज़

सूर्यादय से पूर्व नित, काका कवि उठ जायँ
लोटा-भर जल प्रेम से, गटागट्ट गटकायँ
गठागट्ट गटकायँ, शौच का नियम निभाएँ
बाथरूम में ड्राईक्लीन कर तिलक लगाएँ
काफ़ी लेकर छमछम करती काकी आई
मारी इक मुस्कान, हृदय की कली खिलाई

हास्य-संजीवनी

चेहरे पर मनहूसियत, हरदम रहे उदास
भूले-भटके कभी भी हँसी न आए पास
हँसी न आए पास, दवा दें ऐसी काका
हो जए ग़म ग़लत, लगाएँ नित्य ठहाका
सौ प्रतिशत है सत्य बात, मत समझो झूठी
हों शतायु जो पिएँ हास्य संजीवनि-बूटी

पति और पत्नी

बदल गए हैं आजकल, लोक-लाज-व्यवहार
बिगड़ें पति को सुधारे, पत्नी की फटकार
पत्नी की फटकार, अगर हो क्वारे बाबू
कर लें शादी, बीबी खुद कर लेगी काबू
जब सईस कोड़ा लेकर आगे आता है
बिगड़ैलू घोड़ा भी गदहा बन जाता है

गधे के सींग

अगर गधे के सिर प्रभू लगवा देते सींग
दिखा-दिखाकर सींग वह, नित्य मारता डींग
नित्य मारता डींग, फ़र्क पड़ जाता ऐसा
कौन उसे पहिचाने, गदहा है या भैंसा
इसीलिए भगवान, न्याय से काम चलाते
जहाँ ज़रूरत होय, वहीं पर सींग लगाते

इंसान

बुद्धि बख़्श कर प्रभू ने बना दिया इंसान
लेकिन उसको बनाकर पछताया भगवान
पछताया भगवान, जोड़ हिंसा से नाता
आज आदमी ही, आदम का ख़ून बहाता
प्यार छोड़ तकरार, दुश्मनी नगर-नगर है
इंसानियत आज, कुत्तों से भी बदतर है

भगवान और शैतान

भगवन मन में बस गए, करके बुद्धि प्रदान
जब मन दूषित हो गया, भाग गए भगवान
भाग गए भगवान, रहे थे प्रभु जी जिसमें
ख़ाली घर पाया, शैतान बस गया उसमें
दंगम-दंगी तज, मन-मंदिर शुद्ध बनाओ
लात मार शैतानसिंह को मार भगाओ

मच्छर उवाच

मच्छर हर क्षण बजाते, भिन्न-भिन्न के साज़
निकट कान में पहुँचते, तब आती आवाज़
तब आती आवाज़, एक दिन पूछा हमने
रक्तपान का धंधा क्यों अपनाया तुमने
मच्छर बोला- 'ख़ून ग़रीबों का जो पीएँ
बदलें में हम उनका ख़ूँ पीकर के जीएँ'

पॉकिट साफ़

अगर मार्ग में आपकी पॉकिट हो गई साफ़
ग़लती है यह आपकी, कौन करेगा माफ़
कौन करेगा माफ़, दोष अपना न बताते
बुश्शर्टों में दो-दो पाकिट क्यूँ लगवाते
जेब नहीं होगी तो फिर क्या चीज़ कटेगी
नहीं मिलेगा बाँस, बाँसुरी नहीं बजेगी

जूता-युद्ध

निबट जाएँ जब युद्ध में, बड़े-बड़े हथियार
जूता ले लो हाथ में, इसे कहें 'पथियार'
इसे कहें पथियार, लड़े फिर किसका बूता
तितर-बितर हो जाय भीड़, जब चलता जूता
टूट जाय जूता, जब ख़तरे में हो लाइफ़
मदद करे चप्पल देवी, जूते की वाइफ़

आँख और अक़्ल

आँखों के होते हुए जो जन ठोकर खायँ
उनसे तो अंधे भले, बच-बचकर घर जायँ
बच-बच कर घर जायँ, भक्ति जिनकी रग-रग में
सूरदास जी अमर हो गए सारे जग में
कहँ काका, मत दिखलाओ अपनी मज़बूरी
आँखों के ही साथ अक़्ल भी बहुत ज़रूरी

प्रेमिका-पूजा

महबूबा को पूजिए, सेवा करिए नित्य
उसे छोड़ किसको भजो, यह संसार अनित्य
यह संसार अनित्य, ओढ़ श्रद्धा की लोई
मोक्ष-प्राप्ति का इसके सिवा उपाय न कोई
चाँटा उसका खाकर क्यों रो रहा अभागे
गाल दूसर कर दे उस मैडम के आगे

बराबरी

देखा उनको घूमते और किसी के साथ
तुम समझे वे बिक चुकीं सिर्फ़ आपके हाथ
सिर्फ़ आपके हाथ, आपने पूछा उनसे
हमें छोड़कर उसका साथ निभाया कबसे
बोली मैडम, नहीं इश्क़ की ठेकेदारी
संविधान में सभी बराबर के अधिकारी

प्रेमी दिल

कामशास्त्र के रसिक नर, जानत हैं सब कोय
उठे इश्क़ का ज्वार जब, दिल में लुपलुप होय
दिल में लुपलुप होय, जवानी बड़ी दिवानी
हुस्न-इश्क़ में होती रहती खींचातानी
उछल-कूद करता है आशिक़ का दिल ऐसे
मेढक उछला करते हैं वर्षा में जैसे

लड़ाई और प्यार

पति-पत्नी जब लड़ें तो लेंय पड़ोसी स्वाद
मार ठहाके हँसी के, देते उनको दाद
देते उनको दादा, दया तो दिखलाएँगे
बीच-बचाव कराएँगे तो पिट जाएँगे
दुपहर को लड़ लिए, शाम को प्यार हो गया
टाँग अड़ाना औरों का बेकार हो गया

ताज बनाम जूता

ज़िद्द छोड़कर पुरानी, चलो समय के साथ
होय ताज पर आक्रमण, जूता ले लो हाथ
जूता ले लो हाथ, बताते झगडू दादा
हलका होता ताज, वज़न जूते का ज़्यादा
उसके आगे पड़े, कहो किसका है बूता
रक्षा ऐसे संकट में करता है जूता

कुरसी रानी

कुरसी रानी से रहे, नेताश्री को मोह
करते प्रभु से प्रार्थना, इससे न हो विछोह
इससे न हो विछोह, रहे कुरसी जीवन-भर
आ जाए जब अंत, मरूँ कुरसी के ऊपर
बैठ जाय कुत्ता तो चैन नहीं पाएगा
भौंक-भौंककर भाषण देने लग जाएगा

काँटा और चाँटा

काँटा दिल में चुभे तो, धीरज को मत छोड़
उस काँटे की चुभन को, किसी फूल से जोड़
किसी फूल से जोड़, कि जिसने चाँटा मारा
नयन कटीलों से इलाज कर देय तुम्हारा
पड़ा गाल पर चंद्रकला का कोमल चाँटा
आप्रेशन के बिना निकलकर भागा काँटा

युगल-कर्त्तव्य

नित्य पार्क में घूमिए, घरवाली के संग
तू-तू, मैं-मैं छोड़िए, रहे प्रफुल्लित अंग
रहे प्रफुल्लित अंग, युगल कर्त्तव्य निभाओ
थक जाएँ तो पत्नी-श्री के चरण दबाओ
बदले में देवीजी करें आपकी पूजा
खरबूजे को देख, रंग बदले खरबूजा

सुझाव

पीड़ा हो जब नेत्र में, हो जाते हों लाल
दिल में जब भी दर्द हो, छोड़ो रंज-मलाल
छोड़ो रंज-मलाल, दवा लेने क्यों जाओ
दर्द-स्थल पर, प्रेयसि का फ़ोटो चिपकाओ
सर्वश्रेष्ठ यह दवा कारगर समझो ऐसी
वैद्य डाक्टरों की हो जाए ऐसी-तैसी

संतोषी गंगा

बेईमानी जो करें, कुछ दिन मौज मनायँ
शुरू होंय जब कर्मफल, कर मल-मल पछतायँ
कर मल-मल पछतायँ, लगें ऐसी बीमारी
सड़ें खाट पर, करें अवज्ञा आज्ञाकारी
फटेहाल, ईमानदार दिखता है नंगा
उसके तन-मन में बहती संतोषी-गंगा

दाढ़ी

दाढ़ी वालों से नहीं ख़ाली यह संसार
मिल जाते हैं सब जगह, दाढ़ी वाले यार
दाढ़ी वाले यार, सिक्ख, हिंदू, मौलाना
होटल में सब एक साथ खाते हैं खाना
लंबा बिल लेकर के जब बेयरा आते थे
उसी वक़्त हम बाथरूम में घुस जाते थे

इश्क़ का रोग

रिस्क लेंय जो इश्क़ की, वे हैं उल्लू लोग
तन से चिपके जोंक-सी, मत पालो यह रोग
मत पालो यह रोग, सुनो बलवीर अमीरो
ख़ून चूसकर इश्क़ करे हीरो को ज़ीरो
राय बुज़ुर्गों की यह सौ-परसैंट सही है
किसी वैद्य पर इश्क़ रोग की दवा नहीं है

मेहमान

ज़्यादा दिन टिक जाय यदि, घर कोई मेहमान
उसे भगाने के लिए, नोट करो यह प्लान
नोट करो यह प्लान, करो पति-पत्नी झगड़ा
उसमें भारी दिखलादो, पत्नी का पलड़ा
रूठ मटककर मैके की कर दे तैयारी
भाग जाए मेहमान, दूर हों दिक्कत सारी

नेता और साँप

कई क़िस्म के साँप हैं, भाँप सके तो भाँप
ख़तरनाक सबसे अधिक, आस्तीन के साँप
आस्तीन के साँप, न उसका काटा रोता
सबसे ज़्यादा ज़हर इसी के अंदर होता
इक नेता को किसी साँप ने मार दिया फन
साँप मर गया, नेता झाड़ रहा है भाषण

उल्लू-गधा

अफ़सर बोला पुत्र से, होकर के नाराज़
उल्लू के बच्चे बता, कहाँ गया था आज
कहाँ गया था आज, स्कूल में नहीं पढ़ेगा
हो जाएगा फेल, गधे का गधा रहेगा
ऐसी गाली सुनकर अच्छे बच्चे रोते
लेकिन उल्लू और गधे मन में खुश होते

व्रत में रसगुल्ला

व्रत रखती हैं देवियाँ, लगा किचन पर लौक
होता व्रत उपवास का, महिलाओं को शौक
महिलाओं को शौक, न व्रत में ब्रेक लगाओ
पुण्य कार्य में, अर्धांगिनि का साथ निभाओ
दो हार्दिक सहयोग पकड़ पत्नी का पल्ला
अन्न छोड़ तुम भी खाओ रबड़ी-रसगुल्ला

बाल-विवाह

बाल विवाहों के लिए मारवाड़ बदनाम
पाँच वर्ष की बींधनी, छह के दूल्हेराम
छह के दूल्हेराम, पिता दोनों के आए
दूल्हे-दुल्हिन को गोदी में भरकर लाए
इस जोड़ी को देख-देख मुसकाएँ नेता
वोटों के लालच में, कोई दख़ल न देता

मौज़-मस्ती

आत्मा अमर बता रहे सारे वेद-पुरान
फिर कैसे वह मर सके, बतलाओ श्रीमान
बतलाओ श्रीमान, व्यर्थ हमको बहकाते
होता नष्ट शरीर, आत्महत्या बतलाते
काका, आत्मा-परमात्मा का चक्कर छोड़ो
खाओ पीओ मौज़-मज़े से नाता जोड़ो

मन

धन ले जाए चोर तो दोबारा आ जाय
मन कोई ले जाय तो तन कैसे रह पाय
तन कैसे रह पाय, तरीका सुनो निराला
मन के ऊपर ठोक देऊ, दस लीवर ताला
जो उस ताले को तोड़े, मत मना कीजिए
उसको दिलबर समझ अंक से लगा लीजिए

मोटा-पतला

चक्की तो है एक ही, आटा भी है एक
एक साथ खाएँ-पीएँ, दिल के भी हैं नेक
दिल के भी हैं नेक, उम्र में है जो छोटा
फूल-फूलकर वह होता जाता है मोटा
साथी हाथी-सा है तो तुम क्यों घबराओ
उसके ऊपर बैठ-बैठ कर चड्डी खाओ

पार्क में प्रेम

घूम रहे हैं पार्क में, डाल गले में हाथ
नशा इश्क़ का चढ़ रहा, सुंदर प्रेयसि साथ
सुंदर प्रेयसि साथ, दोस्त परिचित मिल जाएँ
बातें करना दूर, आँख भी नहीं मिलाएँ
पूछे कोई, साथ किसे लाए हो मिस्टर?
बतला देंगे उसको साली अथवा सिस्टर

होली-ईद

जब-जब आती देश में, होली अथवा ईद
आपस में मिलते गले, शंभू और सईद
शंभू और सईद, मियाँ जी लाए सिमैयाँ
पंडितजी भी ले आए होली की गुझियाँ
दोनों मिलकर खायँ, लड़ाई-झगड़ा झूठा
लड़कर मरने वालों को दिखलायँ अँगूठा

क्रोध

आता है जब क्रोध का, तन-मन में तूफ़ान
अपने दिल की आग से, भस्म होय इंसान
भस्म होय इंसान, टूट जाता है ईमाँ
किंतु समंदर नहीं छोड़ता अपनी सीमा
सागर खारी है तो क्या, दिल मधुर बनाओ
मीठी बातों से सबके प्यारे बन जाओ

वधू

भोग्य भाग्य से जिसे घर, वर अच्छा मिल जाय
आते ही ससुराल में मुखमंडल खिल जाय
मुखमंडल खिल जाय, होय यदि इसका उल्टा
ससुर असुर बन जाय, सास दिखलाए चिमटा
ज़हरीली हो सास, ननदिया नोंक नुकीली
मैके में थी लाल, यहाँ पड़ जाए पीली

साधु-संतोष

स्वस्थ मस्त रहते सदा, साधू संत फ़क़ीर
देखे चिंताग्रस्त सब, धन्नासेठ अमीर,
धन्नासेठ अमीर, चैन से नहिं सो सकते
रात-रात भर उनके टेलीफ़ोन खटकते
करवट बदलें किंतु वक़्त नहिं कटता काटे
मेहनतकश इंसान, मज़े से ले खर्राटे

अभिमान

प्यार, ज्ञान, धन मान दें कृपा करें भगवान
लुट जाते, इंसान में जब आता अभिमान
जब आता अभिमान, प्यार के बदले नफ़रत
फैलाकर, धन-दौलत की करता है दुर्गत
ज्ञान, ध्यान तो पहिले से ही खो जाता है
मदमस्ती में सभी उड़नछू हो जाता है

फ़ैशन

देख पश्चिमी सभ्यता, मन में उठी उमंग
नई-नई फ़ैशन दिखें, छैला बदलें रंग
छैला बदलें रंग, ज़माना आया कैसा
लड़का है, लेकिन लगता है लड़की जैसा
स्लीवलैस बुश्शर्ट, बदन से सटी हुई है
पैंट जीन्स की तीन जगह से फटी हुई है

लव-लक्षण

'लव' की लंबाई बहुत, नहीं मिलेगा अंत
हो यदि सच्चा प्यार तो सीमा अमित-अनंत
सीमा अमित-अनंत, प्यार स्थाई इल्मी
देखा हमने, क्षणिक प्यार होता है फ़िल्मी
शूटिंग में हीरोइन ने हीरो पुचकारा
बाहर आकर के हीरो को चाँटा मारा

विलायती पत्नी

भारतीय नारी कहे, हे प्रभु दीनानाथ
पति-पत्नी दोऊ रहें, जनम-जनम तक साथ
जनम-जनम तक साथ, पश्चिमी पत्नी बोली
अमरीकन डॉलर से भर दो मेरी झोली
डियर गौड तुम मेरा इतना काम करा दो
बोर हो गई, यह हसबैंड चेंज करवा दो

सुमुखी की मुस्कान

तेज़ नज़र से देखकर जब सुमुखी मुसकाय
दिल के अंदर उस समय, हाय-हाय मच जाय
हाय-हाय मच जाय, अर्थ इसका क्या होता
इसे जानने, अर्थशास्त्र में मारो ग़ोता
या तो वह खुश है, तुम पर मरने वाली है
अथवा गुस्से में चाँटा जड़ने वाली है

पत्नी

जो पत्नी को पीटता, कह दें उससे आप
दुनिया में कोई नहीं, इससे बढ़कर पाप
इससे बढ़कर पाप, जहाँ पिटती है बीवी
रूठ जाय लक्ष्मी, घर में घुस जाय ग़रीबी
रोती और चीख़ती बीवी थाने आई
बाबूजी को पकड़, हुई भरपेट पिटाई

क्रोध-हरण

विद्वज्जन बतला रहे, शास्त्रों का कर शोध
दुश्मन हैं इंसान के, लोभ-मोह औ' क्रोध
लोभ-मोह औ' क्रोध, ज्ञान का मारो डंडा
जब भी आए क्रोध, पीजिए पानी ठंडा
गुस्से की गर्मी झट ठंडी हो जाएगी
आँखों की लाली, क्षणभर में खो जाएगी

हुस्न-इश्क़

नहीं छिपाए छिप सके प्यार मुहब्बत इश्क़
इश्क़ फिक्स हो जाय तो ले लेते हैं रिस्क़
ले लेते हैं रिस्क, अगर हो जाय पिटाई
वही प्रेमिका, दे देती है उन्हें दवाई
हुस्न-इश्क़ का आपस में रिश्ता है ऐसा
लोहे का चुंबक से नाता होता जैसा

नाराज़ प्रेमिका

रूठ मटककर प्रेयसी कभी खफ़ा हो जाय
मना लीजिए, मामला रफ़ा-दफ़ा हो जाय
रफ़ा-दफ़ा हो जाय, अदा नित नई दिखाएँ
ज़रा-ज़रा-सी बातों पर आँखें चमकाएँ
यदि लाली की फ़रमाइश नहिं माने लल्लू
दो आँसू टपकाय बनादे उसको उल्लू

इंतज़ार

जिस प्राणी से हो गया फिक्स इश्क़ का रोग
धोखा देती प्रेमिका, फिर भी दें सहयोग
फिर भी दें सहयोग, नशा यह अजब-अनोखा
नहिं मन में पछताय, खाय धोखे-पर-धोखा
वादा करके उसने चकमा हमें दे दिया
प्यार ना सही, इंतज़ार का मज़ा ले लिया

शंका

शंका दिल में दाबकर, काकी मैके जाय
महरी जो चौका करे, उसे हुक्म दे जाय
उसे हुक्म दे जाय, अब नहीं घर में आना
जिस दिन मैं आ जाउँ, उसी दिन तुम आ जाना
कहँ काका हम भी जब कवि सम्मेलन जाते
नो एडमीशन की चिप्पी चिपकाकर जाते

लड़का-लड़की

लड़के घर के लाड़ले, उन पर नहिं कंट्रोल
पढ़ने-लिखने से बचें, करते टालमटोल
करते टालमटोल, फ़िल्म के गाने गाते
इम्तिहान के समय, नक़ल में अकल लगाते
किंतु लड़कियाँ पढ़-लिखकर उन्नति कर जातीं
टी.वी., टेलीफ़ोन, बैंक में सर्विस पातीं

दहेज-क़ानून

नंबर दो का धन भरा, तो फिर क्या परहेज
सेठ लोग दिल खोलकर, दें भरपेट दहेज
दें भरपेट दहेज, किसे दामाद बनाएँ
डाक्टर, इंजीनियर लखपती लड़का पाएँ
चुपके-चुपके नोट सरकते इनके द्वारा
रोता रहता है दहेज क़ानून बिचारा

संतोष-सुख

सुख के अर्थ अनेक हैं, भरे पड़े हैं कोश
सर्वसुखी समझो उसे, जिसे प्राप्त संतोष
जिसे प्राप्त संतोष, अधिक धन-दौलत जिस पर
निद्रादेवी कृपा नहीं करती हैं उस पर
सेठ करोड़ीमल झंझट में फँसते रहते
फक्कड़ संतोषी बाबा नित हँसते रहते

टी॰वी॰-बीवी

टी.वी., बीवी में तुम्हें, बतलाते हैं फर्क
प्रैक्टीकल उत्तर सुनो, छोड़ो तर्क-कुतर्क
छोड़ो तर्क-कुतर्क, नींद आए सो जाओ
टी.वी. का स्विच बंद करो, बोरियत भगाओ
लेकिन बीवी की जिव्हा जब लपलप चलती
उसमें ब्रेक लगाए, कौन करे यह ग़लती

उपदेश

बुरा जु देखन मैं चला, बुरा न दीखा कोय
जो दिल खोजा आपना, मुझ-सा बुरा न कोय
मुझ-सा बुरा न कोय, कबीरा की यह बानी
दूर हुआ अभिमान, बात यह जिसने मानी
हीनभावना कभी न अपने मन में लाओ
अच्छे-अच्छे काम करो, अच्छे बन जाओ

रस-विधान

नवरस ही क्यों मानते, साहित्यिक विद्वान
इनमें छटरस जोड़कर, पंद्रह रस पहिचान
पंद्रह रस पहिचान, प्रेमरस को क्यों छोड़ा
अमरस, गोरस, दरस, सोमरस से मुँह मोड़ा
और देखिए, चरस-दरस, निंदारस, पारस
गिन-लो रस छब्बीस, हाथरस और बनारस

कड़वी बीवी

बीवी भागी मायके, क्यों कर रहे प्रलाप
कुछ दिन की आफ़त कटी, भाग्यवान हैं आप
भाग्यवान हैं आप, बनो मिट्टी के माधो
ख़बर उधर से आए तो तुम चुप्पी साधो
होकर के वह बोर, खुद-ब-खुद भागी आए
कड़वी बीवी, कुछ दिन में मीठी हो जाए

सुंदर नर्स

अस्पताल में नर्स जब मटकाती है सैन
हँस-हँस कर बातें करे, रोगी पाएँ चैन
रोगी पाएँ चैन, शुष्क होते हैं मिस्टर
इसीलिए रक्खी जाती हैं सुंदर सिस्टर
दिल को राहत पहुँचाती है सूरत प्यारी
नूर देखकर दूर होय आधी बीमारी

भ्रष्टश्री

कलियुग में श्री भ्रष्टजी, जबसे हुए समर्थ
बदल गया है तभी से, सत्य-झूठ का अर्थ
सत्य-झूठ का अर्थ, ऐंठ नहिं चले किसी की
जिसकी लाठी तगड़ी, समझो भैंस उसी की
पिएँ झूठ का घूँट, पार कर लेंगे नैया
'सत्यमेव जयते' का बोर्ड लगालें भैया

पॉकिटमार

नेता कैंची से करें, उद्‌घाटन उद्धार
उनसे लेते प्रेरणा, ऊँचे पॉकिटमार
ऊँचे पॉकिटमार, रेल की टिकिट लीजिए
खिड़की के ऊपर क्या लिक्खा, ध्यान दीजिए
'जेबकटों से सावधान' लिख रहा जहाँ पर
सबसे ज़्यादा जेब, रोज़ कट रहीं वहाँ पर

बीती ताहि बिसारि दे

भूल जाउ, कल क्या हुआ, करो न उसका जिक्र
कल के दुखड़े सोचकर, लग जाएगी फ़िक्र
लग जाएगी फ़िक्र, प्रगति पर बढ़ते जाओ
अगली कल के लिए, नए प्रोग्राम बनाओ
मान लीजिए पिटे, किसी लड़की से भइए
भूल जाइए उसे किसी से भी मत कहिए

एकांत

तनहाई में छोड़िए, सकल शोक-संताप
श्रद्धापूर्वक कीजिए, घरवाली का जाप
घरवाली का जाप, अभी इस घर मत अइए
मैके में ही मौज़ मज़े कुछ दिन तक करिए
बीवी, टी०वी० व्यर्थ, व्यर्थ हैं बच्चे-बच्ची
सन्नाटे में रहो, नींद आएगी अच्छी

कुरसीमाई

शासन की कुर्सी मिले, हों साहब के ठाठ
कुर्सी जी की कृपा से, सोफ़ा हाज़िर आठ
सोफ़ा हाज़िर आठ, मारते रहें मलाई
राजनीति में सर्वश्रेष्ठ है कुसी माई
जिसे प्राप्त हो, चेहरे पर खिल जाए बसंता
हो जाता है पाँच साल तक का चिपकंता

हास्यरस

नियमपूर्वक हास्यरस जो पीते हैं रोज़
हलका हो जाता सभी, ग़म-गुबार का बोझ
ग़म-गुबार का बोझ, हँसी नहिं जिनको आती
उनकी सूरत, मनहूसों जैसी बन जाती
नहीं लगा सकते जो खुलकर हास्य-ठहाके
प्राप्त करो यह कला, पास काका के आके

स्वाभिमान-अभिमान

स्वाभिमान-अभिमान का बता रहे हैं फ़र्क
बात समझ में आए तो, चले न तर्क-कुतर्क
चले न तर्क-कुतर्क, कि जितना जिसे ज्ञान है
उतना खुद को समझे तो वह स्वाभिमान है
बढ़-चढ़कर शेख़ी जो मार रहा उद्दंडी
उसको अभिमानी जानो या कहो घमंडी

धोखे की कला

धोखा देने की कला, नेताओं के पास
वोट ले रहे, दे रहे झूठी-सच्ची आस
झूठी-सच्ची आस, विज़यश्री मिल जाती है
जयकारों से मन की बगिया खिल जाती है
फ़ोन लगाते वोटर या बाबू लालाजी
उत्तर मिलता, बाथरूम में हैं नेताजी

शुद्ध प्रेम

शुद्ध प्रेम में जिस समय, आय स्वार्थ की गंध
हो जाता है रास्ता, प्यार-प्रीति का बंद
प्यार -प्रीति का बंद, चलो बचकर के भैया
आज प्रेम, कल दग़ा, डूब जाएगी नैया
इश्क़-मुहब्बत को खाँडे की धार जानिए
पग-पग पर है ख़तरा, इसको सही मानिए

शासन की कुर्सी

शासन की कुर्सी मिली, भाग्य बन गया भव्य
देश-धर्म की आड़ में, सधे स्वार्थ-कर्त्तव्य
सधे स्वर्थ-कर्त्तव्य, प्रथम यह पुण्य कमाएँ
सरकारी सर्विस में रिश्तेदार घुसाएँ
बनकर के कर्त्तव्यनिष्ठ, यह लाभ उठाते
जितना उनको मिले, आप आधा खा जाते

पूत-सपूत

सैर-सपाटे में रहा, पढ़ने में कमज़ोर
पूत चढ़ गया छत्त पर, लै पतंग औ' डोर
लै पतंग औ' डोर, दनादन पेच लड़ावे
पढ़ने से ज़्यादा, लड़के को लड़ना भावे
नक़ल-अकल से पास हुए यदि लल्लू भैया
बीच भँवर में डूब जाएगी जीवन-नैया

यार से प्यार

दोस्ती में घुस जाएँ जब, दंभ-द्वेष औ' लोभ
टूट जाएगी दोस्ती, बढ़े हृदय में क्षोभ
बढ़े हृदय में क्षोभ, मित्रता निभा न पाएँ
कल के जिगरी दोस्त, आज दुश्मन बन जाएँ
बना लिया जो यार, प्यार भरपूर निभाओ
उसको अपना कर लो, या उसके हो जाओ

चमचे

राजनीति में जा रहे, बड़े-बड़े गुणवान
चमचे उनसे लिपटकर, करें कार्य व्यवधान
करें कार्य व्यवधान, छोड़ जनता की सेवा
स्वार्थी बनकर, सिद्धांतों का करें कलेवा
ईमानी नेता को बेईमान बना दें
नहीं बने तो उसको कुर्सी से लुढ़का दें

नीची नज़र

लाज लजीली लड़कियाँ, निभा रहीं निज धर्म
नीची नज़र बता रही, आँखों में है शर्म
आँखों में है शर्म, बेशरम क्वारे लल्ला
देखें, जैसे भूखा देख रहा रसगुल्ला
छेड़छाड़ कर बैठे कोई गुंडा ललुआ
पिटे सरे-बाज़ार, बने ललुआ का हलुआ

स्वागत

भिक्षुक भिक्षा को चला, देखा एक मकान
लिखा गेट पर स्वागतम्, घुस आए श्रीमान
घुस आए श्रीमान, मालकिन बोली भइए
पहचाने नहिं, हमें आपका परिचय चहिए
बोर्ड देखकर आए हैं मत हमसे डरिए
परिचय पीछे देंगे, पहले स्वागत करिए

चंदा-पाचन

खड़े इलैक्शन में हुए मिस्टर घोटम-घोट
पत्नी का औ' स्वयं का, मिले सिर्फ़ दो वोट
मिले सिर्फ़ दो वोट, आप श्रीमान धन्य हैं
हुई जमानत ज़ब्त, मगर फिर भी प्रसन्न हैं
चिंता क्या यदि वोट किसी ने नहीं दिया है
तीन लाख चंदा, बंदे ने पचा लिया है

आधुनिक शिष्य

गुरु बन गए लालची, चेलाजी कंजूस
मधुर प्रेम कैसे निभे, दोनों हैं मनहूस
दोनों हैं मनहूस गुरुजी आस लगाएँ
'एकलव्य'-सा शिष्य नहीं कलियुग में पाएँ
मिल भी जाए शिष्य, अँगूठा दे भी जाए
बदले में वह गुरु की पाँचों उँगली ले जाए

महँगाई

क्यों करते हैं नित्यप्रति महँगाई की बात
अभी देखते जाइए, प्रगति होय दिन-रात
प्रगति होय दिन-रात, अक्ल आ जाए ठिकाने,
मिले एक रुपए में, गेहूँ के दस दाने
चिकनाई के लिए व्यर्थ क्योंकर घबराओ
डाक्टर से घी का इंजैक्शन लगवा लाओ

पिता-पुत्र

पतझड़ आया देह में, खाँस रहा है बाप
बेटा बोला पिताजी! कब्ब मरेंगे आप
कब्ब मरेंगे आप, व्यर्थ जीए जाते हैं
दो बच्चों के हिस्से का राशन खाते हैं
क्रुद्ध पिता ने कहा मचाता है क्यों हल्ला
पता नहीं, पहले फूटे घल्ला या मल्ला

गदहा-भाव

गदहा मालिक से कहे, 'तू क्या पीटे मोहि
चल तो सही बज़ार में, मैं पिटवाऊँ तोहि'
मैं पिटवाऊँ तोहि चाल तिरछी कुछ आड़ी
सूट-बूट धारी में एक दुलत्ती झाड़ी
बदले की भावना गधे ने तुरत दिखाई
मालिक की हो गई सरे-बाज़ार पिटाई

शब्द-शक्ति

कविगण कहते हमेशा, अनहोनी-सी बात
शब्दों में वह शक्ति है, दिन को कर दें रात
दिन को कर दें रात, असंभव, संभव कर दें
औरत हो जो बाँझ, गोद बच्चो से भर दें
करें कल्पना काका तिल का ताड़ बना दें
मिट्‌टी का ढेला हो उसे पहाड़ बना दें

नेता

कोइ बहाता पसीना, कोइ बहाता रक्त
नेता भाषण बहाता, बन जनता का भक्त
बन जनता का भक्त, औढ़ खद्‌दर की चद्‌दर
पाँच वर्ष के बाद, लगाते घर-घर चक्कर
सीट मिल गई, भूल गए आश्वासन सारे
काट रहे हैं चक्कर अब वोटर बेचारे

कोर्ट-मैरिज़

शादी से पहिले चले, छह महिने रोमांस
पिकनिक पार्टी, प्रेमरस, ड्रिंक, सिनेमा, डांस
ड्रिंक, सिनेमा, डांस, शर्म में मारा धक्का
कक्का बकते रहे, हो गया सौदा पक्का
एक-दूसरे के स्वभाव के हो गए आदी
टाप रहे हैं बाप, कोर्ट में कर ली शादी

सादगी

हँसी नहीं आती जिसे, उसे कहें मनहूस
फटेहाल हों सेठजी, कहलाते कंजूस
कहलाते कंजूस, न हों नाराज़ पिताजी
बेटे कहते- 'हैं सादा मिज़ाज लालाजी'
पूछा हमने यह रूपक क्यों दिखा रहे हैं
उत्तर मिला कि 'बचत योजना' निभा रहे हैं

सौंदर्य

ऊँच-नीच को छोड़िए, कह गए संत फ़क़ीर
दिल से दिल को जोड़ रे, उत्तम वही शरीर
उत्तम वहीं शरीर, होय सुंदर की पूजा
गोरी-गोरी काया हो, जैसे खरबूजा
होंठ गुलाबी, आँख शराबी, भृकुटि कटीली
रसगुल्ला-से गाल और हो जीभ रसीली

माँ की ममता

माँ की ममता से हुआ, विकसित यह संसार
आँचल में है दूध तो, आँखों में है प्यार
आँखों में है प्यार, पढ़ाए और लिखाए
खिला-पिलाकर, पाल-पोसकर बड़ा बनाए
गाली दे माँ-बाप को, जब वह पूत-कपूत
मन में आता उस समय, करे दें उसकों शूट

समय का लाभ

कल की किलकिल छोड़कर, सबकुछ कर लो आज
कल परसों तक आएगा, जाने किसका राज
जाने किसका राज, देर क्यों व्यर्थ लगाओ
प्राप्त कीजिए फटाफट्ट जितना पा जाओ
मौक़े से जो चूक जाएँ, पीछे पछताएँ
बुद्धिमान जन सदा समय का लाभ उठाएँ

आँसू

आँसू-आँसू में फरक करिए इन पर गौर
दुख के आँसू और हैं, सुख के आँसू और
सुख के आँसू और, विदा बेटी करवाते
मैया-भैया-भाभी-पापा अश्रु बहाते
न्यू लाइट की लड़की कुछ ऐसी भी होती
भीतर लड्डू फूट रहे, ऊपर से रोती

खुजली

खुजली हो जब हाथ में, मिलें नोट पर नोट
सिर में खुजली होय तो, पड़ती सिर पर चोट
पड़ती सिर पर चोट, भाग्य में लिक्खा जैसा
जैसा जिसका भोग, उसे मिलता है वैसा
सिर में खुजली मचे, प्रेमिका से मत मिलिए
होय हाथ में खुजली, साथ हमें ले चलिए

पियक्कड़

होश-हवास दुरुस्त हों, कहलाता इंसान
बोतल ठर्रा की चढ़ा, बन जाता हैवान
बन जाता हैवान, लड़खड़ाता घर आता
घरवाली कुछ कहती है तो हाथ चलाता
जिसका तगड़ी पत्नी से पाला पड़ जाता
दो झाड़ू पड़ जाएँ, नशा सारा झड़ जाता

सहनशीलता

धरती मैया से अधिक सहनशील है मात
जैसे दिन से भी भी अधिक, सहनशील है रात
सहनशीलन है रात, घूमते गुंडा दादा
कुछ नहिं कहती रात, पाप होता है ज़्यादा
कहँ काका, जो पीड़ित है पत्नी के द्वारा
सबसे ज़्यादा सहनशील वह पति बेचारा

पद्मश्री पर शंका

पद्मश्री हमको मिली, कृपा करी गिरिराज
सब संबंधी खुश हुए, काकीजी नाराज़
काकीजी नाराज़, साधकर चुप्पी बैठी,
पद्मश्री है कौन? बोलती ऐंठी-ऐंठी
बच्चे बजा रहे हैं, हँसी-खुशी का डंका
लेकिन काकी कर बैठी, काका पर शंका

पति-पत्नी

दिल मानो पतिदेव को, पत्नी आँख कहाय
चोट लगे हसबैंड पर, वाइफ अश्रु बहाए
वाइफ अश्रु बहाए, चोट खा जाए वाइफ़
तो ख़तरे में पड़ जाएगी पति की लाइफ़
पत्नी को प्रियतम, प्रियतम को पत्नी प्यारी
फिफ्टी-फिफ्टी है, दोनों की साझेदारी

पिटाई का मज़ा

प्रेयसि की सैंडिल मिले, आए उसमें स्वाद
पत्नी का बेलन दिखे, स्वाद होय बरबाद
स्वाद होय बरबाद, अक्ल का खोलो ताला
माशूका से पिटने का है, मज़ा निराला
रिस्क उठाकर नहीं, इश्क़ की खीर सपोटी
उल्लू जैसे उस लल्लू की क़िस्मत खोटी

सेंसर बोर्ड

अगर सेंसर बोर्ड का बन जाऊँ अध्यक्ष
स्वार्थ छोड़, परमार्थ का, रखूँ हमेशा लक्ष्य
रखूँ हमेशा लक्ष्य, चलाऊँ कैंची ऐसी
जीभ लड़ाकू काकी की चलती है जैसी
मारधाड़ या सैक्स सीन नहिं काटूँ बिल्कुल
हाउस फुल के साथ हमारी पॉकिट हो फुल

मिस महँगाई

जब तक जनता पर पड़े, महँगाई की चोट
तब तक मिलते रहेंगे, नेताजी को वोट
नेताजी को वोट, गीत नित गाते रहिए
महँगाई को ख़त्म करें, चिल्लाते रहिए
बिना मौत यदि मर जाएगी मिस महँगाई
तो नेता को कौन घास डालेगा भाई

मजनूँ

सुंदर लड़की देखकर, लड़का इक चिल्लाय
दिन में चाँद निकल रहा, हाय-हाय रे हाय
हाय-हाय रे हाय, शर्म लड़की ने छोड़ी
मारी चप्पल फेंक, नाक मजनूँ की तोड़ी
चंदा के आगे तूने मुँह खोला कैसे
रात नहीं यह, दिन में उल्लू बोला कैसे

पाप का घड़ा

घड़ा पाप का फूटकर, होता सत्यानाश
पुण्य घड़ा भर जाए तो, मिले स्वर्ग में वास
मिले स्वर्ग में वास, इंद्र की सुंदर परियाँ
चरण दबाएँ वहाँ अप्सरा-सँग किन्नरियाँ
जैसे कर्म करे मानव, वैसा फल पाए
यह बैठे हाथी पर, तो वह गधे चराए

सुंदरियाँ

सुंदरियों का झुंड यदि मारग में मिल जाय
बचकर उनसे निकलिए, अपनी जान बचाय
अपनी जान बचाय, अगर आवाज़ लगाई
तुरत मरम्मत होगी, देते रहो दुहाई
करके नीचे नज़र, काटकर कन्नी चलिए
ख़तरनाक है झुंड, नमस्ते भी मत करिए

वीडियो

जिस घर पहुँचा वीडियो, सिसक रहा है इल्म
पढ़ना-लिखना छोड़कर, बच्चे देखें फ़िल्म
बच्चे देखें फ़िल्म, भूलकर चौका-चूल्हा
मन-रंजन में व्यस्त बहू, भूखे हैं दूल्हा
मम्मी-पापा घर से जब-जब बाहर जाएँ
क्वारे बेटे 'ब्लू फ़िल्मों' से मन बहलाएँ

हास्य वर्ष

अब तक कई मना चुके, भाँति-भाँति के वर्ष
हास्य वर्ष अगला मने, चहुँदिशि छाए हर्ष
चहुँदिशि छाए हर्ष, देश खुशहाल बनाएँ
कोई नेता, संसद में यह प्रश्न उठाएँ
यदि जनता का यह अनुरोध नहीं मानेंगे
मजबूरन हम स्वयं, घोषणा कर डालेंगे

मौका

घुस गए एक दुकान में, लाला लपकानंद
कई चीज़ देखीं मगर आईं नहीं पसंद
आईं नहीं पसंद, लगाते इत-उत चक्कर
देख रहे सामान, इधर-से-उधर पलटकर
दुकनदार बोला- तुमको क्या चाहिए भइए
लाला बोला- भइए, हमको मौक़ा चहिए

आँसू के कारण

आँसू के कारण बहुत, कभी किया है गौर
दुख के आँसू और हैं, सुख के आँसू और
सुख के आँसू और, सुनो भाई जिज्ञासू
बेटी विदा हुई, टपके ममता के आँसू
पीड़ा के आँसू, दुख दरिद्रता के आँसू
खुली लाटरी, निकले प्रसन्नता के आँसू

झूठ-सच

कोर्ट-कचहरी पहुँचकर देख लीजिए आज
सत्यदेव जी मिलेंगे, झूठों के सरताज
झूठों के सरताज, बताएँ हालत कैसी
क़दम-क़दम पर होए सत्य की ऐसी-तैसी
जीत गए हैं केस, भ्रष्ट जी झूठ बोलकर
भाग गए सचदेव, कोर्ट का गेट खोलकर

दुश्मन

दुश्मन मरा न जानिए, बुझी न जानों राख
सावधान फिर भी रहो, नहीं राख की साख
नहीं राख की साख, कहावत बहुत पुरानी
दुश्मन मिट्टी का भी पहुँचाएगा हानी
अंत समय में उसको एक और झटका दो
उसकी मिट्टी को भी फाँसी पर लटका दो

रसगुल्लों का ध्यान

पानी से भी यदि नहीं, बुझे पेट की आग
पेट पकड़कर गाइए, महँगाई का राग
महँगाई का राग, चेतना नई आएगी
पियो हास्य का जूस, भूख सब भाग जाएगी
फिर भी लप-लप करे जीभ, यह काम कीजिए
आँख बंद कर, रसगुल्लों का ध्यान कीजिए

न्यू फ़ैशन की पत्नी

न्यू फ़ैशन की बीवियाँ, न्यू आमोद-प्रमोद
लल्ला दीना धाय को, पिल्ला लीना गोद
पिल्ला लीना गोद, करें भोजन होटल का
बच्चों को वह दूध पिलाती हैं बातल का
माँ का दूध बतातीं, वे माइंडलैस हैं
दूध पिलाएँ हम, क्या कोई गाय-भैंस हैं

कर्फ़्यू

अँगरेज़ों के राज पर काका को है नाज
कर्फ़्यू हमको दे गए, काम आ रहा आज
काम आ रहा आज, भयंकर है सन्नाटा
नहीं मिल सके कहीं, दाल-सब्ज़ी या आटा
भूखे-प्यासे, पेट पकड़ हम झूम रहे हैं
मिस्टर 'कर्फ़्यू' मारकेट में घूम रहे हैं

विज्ञान-चमत्कार

करदे यदि ऐसा कोई, चमत्कार विज्ञान
बच्चे पालें मर्द नर, औरत जायँ दुकान
औरत जायँ दुकान, शाम को जब घर आएँ
पापा जी बच्चों को दूध पिलाते पाएँ
बीवीजी का रुतबा दुगुना हो जाएगा
हसबैंडों का बैंड बेसुरा हो जाएगा

कर्मफल

ज्ञानी-ध्यानी, महात्मा, कहते बारंबार
पाप-कर्म से घृणा कर, पुण्य-कर्म से प्यार
पुण्य-कर्म से प्यार, नियम नेचर का ऐसा
वैसा ही फल पाएग बोएगा जैसा
पूर्वजन्म की खेती, काका काट रहे हैं
'मीठी-मीठी हँसाइयाँ' नित बाँट रहे हैं

दवा-दारू

निमोनिया के केस में, बोले डाक्टर सूद
बच्चे को दे दीजिए, ब्राँडी की दो बूँद
ब्राँडी की दो बूँद, बच गया रोगी बच्चा
ज़्यादा पीकर लुढ़क रहे नाली में चच्चा
दारू के कुछ अंश दवाओं में रहते हैं
इसीलिए तो उन्हें 'दवा-दारू' कहते हैं

हसबैंड-सर्वेंट

पढ़ी-लिखी पत्नी मिली, पति मूरख अनट्रेंड
बजे बैंड की तरह वह, इसीलिए हसबैंड
इसीलिए हसबैंड, नारि ऊँची, वह नीचे
थैला लेकर चलते उसके पीछे-पीछे
घरवाली पर जो मर्दुए डिपैंड हो गए
कल तक थे हसबैंड, आज सर्वेंट हो गए

सास

रिश्तों में सबसे भली, सुघड़ सलोनी सास
आते हैं जब कुँवर जी, बैठाती हैं पास
बैठाती हैं पास, प्यार से लेंय बलैया
अपनी मैया से अच्छी दुलहिन की मैया
लड़कों की सासें जितनी बढ़िया होती हैं
सास लड़कियों की उतनी घटिया होती हैं

कालिज स्टूडैंड

पुत्तर जबसे बन गया, कालिज स्टूडैंट·
बदल गए तबसे सभी, उसके एलीमैंट
उसके एलीमैंट, शान झूठी दिखलाता
फादर मिलने आएँ तो सर्वेंट बताता
पापा-मम्मी सूखी रोटी चबा रहे हैं
बेटा जी, होस्टल में अंडे उड़ा रहे हैं

चमचा

जिस बंदे से आपके मिलते नहीं विचार
उससे बचकर ही रहो, नित्य होय तकरार
नित्य होय तकरार, आदमी चहिए ऐसा
मालिक से व्यवहार करे वह चमचा जैसा
तुम चाहो तो, तुरत रात में दिन दिखला दे
दिन में रात बताओ तो तारे चमका दे

बापू के बंदर

बापू को बंदर मिले, उस युग के अनुसार
बदल गए बंदर सभी, बदल गया संसार
बदल गया संसार, बुरे को बुरा बताए
वह बेचारा उग्रवादियों से पिट जाए
अच्छा-अच्छा बोलो बच्चा, छोड़ बुराई
बाल न बाँका होय, मारते रहो मलाई

लव

मतलब में लव घुस रहा, इसे न छोड़ें आप
लव का प्याला मिले तो, पी जाओ चुपचाप
पी जाओ चुपचाप, प्रेयसी फटकारे जब
छिपा हुआ होता उसमें फिफ्टी-फिफ्टी लव
लड़ना-भिड़ना छोड़, प्यार के बीज बोइए
मार्डर्न-लव के लव में लवलीन होइए

लड़का-लड़की

नर से अधिक समाज में, नारी का सम्मान
बेटा घर का दीप है, बेटी बिजली मान
बेटी बिजली मान, ब्लैक हो अथवा व्हाइट
बेटे से ज़्यादा बेटी देती है लाइट
स्वर्गीय इंदिराजी का गौरव जो जानें
वे लड़के से ज़्यादा अच्छी लड़की मानें

महिला बस

रहें जनानी बसों में, यदि महिला ड्राइवर्र
संचालन भी करें यदि, महिला कंडक्टर्र
महिला कंडक्टर्र, सवारी भी महिलाएँ
एक्सीडैंड होए तो सभी ख़त्म हो जाएँ
सिर्फ़ देवियाँ स्वर्ग जाएँ, अनुचित है भइए
उनके संग दो-चार देवता भी तो चहिए

पेट

ईश्वर यदि इंसान को भेंट न करता पेट
मुँह भी फिर बनता नहीं, जोकि पेट का गेट
जोकि पेट का गेट, स्वाद किस तरह बताते
चाकलेट, कटलेट, समोसे कैसे खाते
बाबू श्रमिक किसान, काम-धंधा नहिं करते
हाथ पेट पर फेर, डकार नहीं ले सकते

औरत

औरत अपने हाथ से, बना गए भगवान
कंट्रेक्टर की मार्फत, बनवाए इंसान
बनवाए इंसान, रहे सब मर्द अभागे
इसीलिए नतमस्तक हैं नारी के आगे
डाल देंय हथियार सभी कुछ अर्पण कर दें
नीची मूँछें करके, आत्मसमर्पण कर दें

विलायती वाइफ़

हर विलायती वस्तु के, देखे चित्र-विचित्र
इंपोर्टेड वाइफ़ बहुत, ख़तरनाक है मित्र
ख़तरनाक है मित्र, न तुम पर रहम खाएगी
जाने कब तलाक देकर के भाग जाएगी
इससे सदा रहेगा दर्द, मर्द के सर में
नहीं पालना कभी विदेशी औरत घर में

दहेज की प्रथा

लड़का लाएगा बहू, मिले संग धन-माल
पाली-पोसी लड़कियाँ, चली जायँ ससुराल
चली जायँ ससुराल, प्रथा क्या बनी निराली
दहेज न दें तो बेटे वाले देते गाली
बदल जाय़ यह प्रथा, व्यथा सारी हट जाए
दुलहिन अपने दूल्हे को, मैके ले आए

नर-नारी

जाने किस क्षण में गढ़ी प्रभु ने औरत जात
पिटता रहता आदमी, फिर भी हा-हा खात
फिर भी हा-हा खात, डाल शादी का चक्कर
कान पकड़कर उसे बना देती घनचक्कर
क्लब में जाकर मैडम हिला रही हैं कूल्हे
भोले-भाले दूल्हे, घर में फूँके चूल्हे

नाक का महत्त्व

दो आँखों के बीच में प्रभु ने रक्खी नाक
इसका बड़ा महत्त्व है, आँक सके तो आँक
आँक सके तो आँक, नाक की आड़ लगाई
एक आँख से दूजी आँख नहीं लड़ पाई
नाक रूप दीवार बीच में नहिं बन पाती
लड़भिड़ करके दोनों आँख, नष्ट हो जातीं

बचाव

बाँहों में हो प्रेमिका, घरवाली आ जाय
जान बचाने के लिए सूझा सरल उपाय
सूझा सरल उपाय, दिखाए बेलन हमको
शर्म नहीं आती है बूढ़े मजनूँ तुमको
कहँ काका, शंका-शुबहा को लात मारिए
इश्क़ नहीं यह मैडम, होली-मिलन जानिए

चंबल का संबल

चंबल का संबल पकड़, कुछ दिन डाके डाल
आवश्यकता से अधिक हो जाए धनमाल
हो जाए धनमाल, राज्य का मिले निमंत्रण
मंत्री जी के आगे करदे आत्मसमर्पण
जेल न मानो उसे, मज़े से पीओ-खाओ
फिर घंसा की तरह रफूचक्कर हो जाओ

रेल बजट

रेल बजट को देखकर काकी पर्स टटोय
और किराया बढ़ गया कैसे यात्रा होय
कैसे यात्रा होय, सुनो मुन्ने की मैया
बचे रुपैया, पार होय जीवन की नैया
हैल्थ बनानी है तो पैदल चलो ठाठ से,
एक्सीडेंट से रक्षा, बचिए लूटपाट से

राजनीतिज्ञ

हाथ-पैर फेंके बहुत, बना न कोई काम
जीवन-भर रटते रहे, विधि के हाथ लगाम
विधि के हाथ लगाम, भाग्य के पड़ो न पीछे
भाग जाएगा भाग्य, लुढ़क जाओगे नीचे
हस्तरेख के चक्कर में, क्यों बनो निठल्लू
शर्म छोड़कर राजनीति का पकड़ो पल्लू

टा-टा

मिली अपरिचित सुंदरी, हमने किया प्रणाम
उसने मारे हाथ दो, सब झड़ गया जुकाम
सब झड़ गया जुकाम, विदा मित्रों को करने
दाँत दिखाकर, हाथ हिलाकर कर 'टा-टा' कहते
हाथ हिलाने का मतलब काका ने जाना
जाओ भइये! आइंदा अब कभी न आना

लाटरी

हाथ खुजाता सुबह से, क्या है इसका राज़
निकले मेरी लाटरी, है ऐसा अंदाज़
है ऐसा अंदाज़, हाथ में पेपर आया
देखा आँखें फाड़, न अपना नंबर पाया
आड़े हाथों लिए, डाँट काकी ने मारी
जाओ दफ़्तर, निकल गई लाटरी तुम्हारी

वरदान

लाला हाथ पसारकर माँ रहे वरदान
हाथ-पैर चलते हुए, उठा लेउ भगवान
उठा लेउ भगवान, हो गए हम तो ढीले
कन्या बैठीं चार, हाथ कर देना पीले
पिता गए परलोक, पुत्र नहिं धीरज खोते
हाथ साफ़ कर रहे, सेफ़ पर रोते-रोते

बैंक में डाकू

हथगोला-चाकू-छुरा, ख़तरनाक हथियार
डाकू पहुँचे बैंक में, भागा चौकीदार
भागा चौकीदार, चाभियाँ सारी लाओ
ऊँचे कर लो हाथ, न कोई शोर मचाओ
कैशीयर ने कहा- नोट सारे ले जाना
सिर्फ़ पाँच पर्सेंट हमारे घर दे जाना

रिश्वतख़ोर

शासन-आसन में घुसे, भ्रष्टा-रिश्वतख़ोर
रँगे हाथ पकड़े गए, दिन दुपहर के चोर
दिन-दुपहर के चोर, हाथ हथकड़ी लगाई
रौबदार मुखमंडल पर उड़ रहीं हवाई
हाथ मले क़ानून, न्याय रोए बेचारा
छूट गए रिश्वती, पुनः रिश्वत के द्वारा

सफ़र का स्वाद

लंबी यात्रा के लिए, मन में उठे उमंग
स्वाद सफ़र का तब मिले, होए प्रेयसी संग
होए प्रेयसी संग, दोपहर-शाम-सवेरे
रूठे-मटके, कभी मधुर मुस्कान बखेरे
मिले पराई पत्तल, तो मन को भाती है
'घर की मुर्गी दाल बराबर' कहलाती है

काकी और शर्त

काकी से हम कभी भी, नहीं लगाते शर्त
किसी पक्ष की जीत हो, वे ही रहें समर्थ
वे ही रहें समर्थ, हार में कुछ नहीं देंगी
जीत जाएँ तो छाती पर चढ़कर ले लेंगी
छुरी और ख़रबूजे का कर देखो ट्रायल
हर हालत में ख़रबूजा होता है घायल

महँगाई और ग़रीबी

महँगाई औ' ग़रीबी जब तक मारें चोट
तब तक मिलते रहेंगे, नेताओं को वोट
नेताओं को वोट, यही तो प्रजातंत्र है
स्वतंत्र भारत में दोनों बहिनें स्वतंत्र हैं
हट जाएँ या घट जाएँ तो हमें बताना
वोट माँगने का क्या उन पर रहे बहाना

आई॰टी॰ओ॰

काका निज इनकम कबहुँ काहू को न बताय
ना जाने किस वेष में, आय॰टी॰ओ॰ मिल जाय
आय॰टी॰ओ॰ मिल जाय, तुरंत नोटिस भिजवादे
सच बतला दें तो भी दुगुना टैक्स लगा दे
फिर अपील में पड़ती रहें नित्य तारीख़ें
दया न आए, करदाता कितने भी चीख़ें

उधार-सुधार

रखनी है यदि दोस्ती लेउ न देउ उधार
करो तकाजा, उसी दिन टूट जाएगा प्यार
टूट जाएगा प्यार, मार्ग में मिल जाएगा
देख आपको कन्नी काट, निकल जाएगा
कहँ काका, मित्रों को कभी उधार न दीजै
यदि देना ही पड़े, तकाज़ा कभी न कीजै

नारी

पहिले थी वह प्रेमिका, करती थी कुछ शर्म
पिछलग्गू पति बन गया, निभा रहा पति-धर्म
निभा रहा पति-धर्म, चल रही पत्नी तनकर
जीवन-भर पति रहें, आज्ञाकारी बनकर
नारी की सरकार, उड़ी मर्दों की खिल्ली
नारि बन गई सिंह, मरदुएउ बन गए बिल्ली

देश-सेवा

गांधी-नेहरू-शास्त्री, कर गए ऐसे काम
दौलत नीचे दब गई, ऊपर है यश-नाम
ऊपर है यश-नाम, देश-सेवा रग-रग में
मरकर भगत-सुभाष, अमर कहलाए जग में
जीवन में कुछ नाम, देशहित में कर जाओ
इसके बाद मौत आ जाए, तब मर जाओ

अति सर्वत्र वर्जयेत

अति का भला न बोलना, अति की भली न चुप्प
अति का भला न बरसना, अति की भली न धुप्प
अति की भली न धुप्प, न अति की भली कुरूपा
ख़तरे में पड़ जाती अति की सुघड़ स्वरूपा
अति का भला न प्यार, न अति की भली रुखाई
अति की बुरी ग़रीबी, अति का धन दुखदाई

काकी और नवरस

सो जातीं तब शांत रस, उठती हैं तब वीर
दाँत फाड़ने पर दिखे, हास्यरसी तस्वीर
हास्यरसी तस्वीर, करुणरस टपके रोते
बेलन दाबें हाथ, रौद्र के दर्शन होते
काजल बिंदी द्वारा जब श्रृंगार बनातीं
दर्पण से भी वाह-वाह की ध्वनियाँ आतीं

नेता का काटा

चौदह इंजेक्शन लगें, कुत्ता क़ाटे तब्ब
अट्ठाइस लगवाइए, नेता काटे जब्ब
नेता काटे जब्ब, असर रोगी में आए
अस्पताल में नर्सों की हड़ताल कराए
कुत्ते ने नेता काटा, चिल्लाया शासन
कुत्ता तो मर गया, दे रहा नेता भाषण

मनहूस मानव

कभी हँसे-खेले नहीं, मनरंजन से दूर
यो जीवन उड़ जाएगा, जैसे धूप-कपूर
जैसे धूप कपूर, शक्ल मनहूस बनाए
ऐंठे बैठे हों, उनसे भगवान बचाए
जिसके मन संगीत, कला, साहित्य न भाया
भर्तृहरि ने ऐसा नर पशु-तुल्य बताया

सुख-दुःख

सुख का स्वाद मिले तभी, कभी-कभी हो दुक्ख
कुछ महत्त्व रखता नहीं, बिना दुक्ख के सुक्ख
बिना दुक्ख के सुक्ख, पीर रोने की जाने
वह सेवन कर सके हास्य के मधुर तराने
कहँ काका कवि, चक्खा नहीं करेला कड़वा
वह क्या जाने कैसा होता मीठा हलवा

दुर्घटना-सुघटना

आप चोट खा जाइए, उसे न पहुँचे चोट
हाथ जोड़ 'सौरी' कहो, मैडम मेरा खोट
मैडम मेरा खोट, चोट-स्थल सहलाओ
मूड देखकर घर या अस्पताल पहुँचाओ
प्रणय इशारा मिले, कभी पीछे मत हटना
दुर्घटना भी कभी-कभी बन जाए सुघटना

नौ-दो-ग्यारह

एक हमारे मित्र थे, मिस्टर मनसुखलाल
आश्रम से शादी करी, सुनलो उनका हाल
सुन लो उनका हाल, पड़ा क़िस्मत पर डाका
कहने लगे कि हमको गणित खा गया काका
गणित पास, पत्नी लाकर पछताते रह-रह
जेवर नकदी बाँध, हो गई नौ-दो ग्यारह

आकर्षण

कन्या कोमल कली है, कपट-रहित मुस्कान
फूल खिला, यौवन मिला, महक गया उद्यान
महक गया उद्यान, इधर भँवरे भन्नाएँ
उधर नई लाइट के लल्लू जी ललचाएँ
चुंबक का क्या खोट अगर लोहा खिंच आए
वह उसको मिल जाए, जो जिसके मन भाए

'दार' की मार

लूटमार कर भागते, वह होते बटमार
मारपीट सीधा करे, वह है थानेदार
वह है थानेदार, दार के भेद बताएँ
ठेकेदार, इंजीनियर के दर पर पहुँचाएँ
बेदम नेता कुर्सी पर दमदार बन गए
क़र्ज़दार को चूसें वे ज़रदार बन गए

चैन-बेचैन

महनत-मज़दूरी करे, मिले नींद भरपेट
बजें फ़ोन की घंटियाँ, चैन न पाएँ सेठ
चैन न पाएँ सेठ, नींद की गोली खाएँ
फिर भी गहरी निद्रा से वंचित रह जाएँ
कोई-कोई लाला, सोते-सोते चीख़ें
सपने में भी उन्हें आयकर वाले दीखें

विलायती वाइफ़

सरल स्वदेशी दुल्हनिया अर्द्धांगिनी कहाय
वाइफ़ विकट विलायती, पूर्णांगी बन जाय
पूर्णांगी बन जाय, लोक-लज्ज़ा से हटके
नाइट क्लब में ग़ैरों के सँग, नाचे-मटके
गोरी मैमों के अँग्रेज़ी ठसक-ठसक्के
देखोगे तो रह जाओगे, हक्के-बक्के

दो बच्चे, होते अच्छे

दो बच्चों के बाद ही कह दो उससे साफ़
मुझको बच्चा जानकर, कर दो अम्मा माफ़
कर दो अम्मा माफ़, सैक्स पर करले काबू
वरना पछताएँ जीवन-भर बीवी-बाबू
बच्चों की रेंरें-टेंटें में उम्र बिताएँ
किसी क्षेत्र में कुछ भी प्रगति नहिं कर पाएँ

समय-महिमा

पैर लड़खड़ाने लगें, थक जाएँ जब हाथ
असमय में ही आपका, समय छोड़ दे साथ
समय छोड़ दे साथ, समय के नियम निभाओ
कट्टरपंथी बने रहोगे तो पछताओ
गप्प-शप्प में व्यर्थ समय मत नष्ट कीजिए
मूल्यवान है समय, समय का लाभ लीजिए

बहू

वादा किया दहेज का, नहीं ला सकी संग
दिल जलता है सास का, जले बहू का अंग
जले बहू का अंग, केस कुछ देखे ऐसे
मरते-मरते बहुएँ बदला लेतीं कैसे
किसने लपट लगाई, रपट लिखा जाती हैं
सास-ससुर ननदी को जेल दिखा जाती हैं

बचपन

नौ महिने तक गर्भ-दुख, पाते रहे अबोध
रोते-चिल्लाते हुए, पड़े भूमि की गोद
पड़े भूमि की गोद, जग गए कभी सो गए
दाँत निकलने शुरू हुए, तो दस्त हो गए
विद्यालय चल दिए पीठ पर बस्ता लादा
फेल हुए तो डाँट रहे हैं पापा-दादा

काका-हास्य

शिव का तांडव नृत्य या पार्वती का लास्य
ऐसा ही आनंद दे, काका कवि का हास्य
काका कवि का हास्य, न महँगा लिखें न सस्ता
रसगुल्ले-सा मधुर, कचौड़ी जैसा ख़स्ता
हास्य-व्यंग्य निर्दोष मानते हैं हम उसको
सुना सकें अपनी बेटी के आगे जिसको

धड़ाका

नेता मंत्री आ रहे, नवा रहे हैं शीश
काका से बाबा बने, कृपा करी जगदीश
कृपा करी जगदीश, लगा आश्रम में मेला
मिनी वस्त्र-निर्वस्त्र, घूमते चेली-चेला
एअर कडीशंड, भव्य बाबा की कुटिया
पहरे पर है फर्स्ट क्लास, अलस्येशन कुतिया

लूट

डाकू चोर बता रहे अपने मन की बात
इधर-उधर भागे फिरें, चैन नहीं दिन रात
चैन नहीं दिन रात, दिखाकर पिस्टल चाकू
लाखों का धन लाए, रहे डाकू के डाकू
कहँ काका, क्यों भाई या माई को लूटो
भ्रष्टाचार-ग़रीबी-महँगाई को लूटो

पाचन-शक्ति

चाय पिए चैतन्य हो, दूध पिए बलवान
गुस्सा पीना सीखले, नेता बने महान
नेता बने महान, विपक्षी गाली देते
शासक हँसते रहें, नहीं कुछ एक्शन लेते
निंदा-आलोचना सुनेगा नेता जितनी
पाचन-शक्ति प्रबल होती जाएगी उतनी

तारिका बनाम पत्नी

आज एक, कल दूसरा, नए-नए लें स्वाद
तुम भी हो आज़ाद प्रिय, हम भी हैं आज़ाद
हम भी हैं आज़ाद, नहीं करते कुछ वादा
शादी के पश्चात्, मूल्य रह जाता आधा
सुकुमारी समझी जाती, फुर्तीली फाइन
हीरोइन के लिए, करें निर्माता साइन

सुखदाई सावन

जिन पतियों को पत्नियाँ करती रहती तंग
करते प्रभु से प्रार्थना, कुछ दिन छूटे सँग
कुछ दिन छूटे सँग, करें क्लब में रँगरलियाँ
डिस्को के संग नाचें-गाएँ कोमल कलियाँ
पत्नी-पीड़ित सावन में आज़ादी पाएँ
भादों में फिर उनके खूँटे से बँध जाएँ

बुढ़ऊ वर्ष

बाल वर्ष भी मन गया, बीता महिला वर्ष
बूढ़ों पर सरकार को क्यों नहिं आता तर्स
क्यों नहिं आता तर्स, न्याय की रक्षा कीजे
एक वर्ष तक बुड्ढों को संरक्षण दीजे
कहँ काका, पति-रक्षा-हित क़ानून बनाओ
बेलन-चिमटा-झाड़ू पर प्रतिबंध लगाओ

जनसंख्या विस्फोट

मम्मी पापा को अगर अक्ल नहीं आ पाय
जनसंख्या बढ़ती रहे, सौ करोड़ हो जाय
सौ करोड़ हो जाय, मुसीबत मुँह फैलाए
रहने को धरती पर, जगह नहीं मिल पाए
बच्ची, बच्चे, बूढ़े सब सोएँगे ऐसे
खड़े-खड़े ही घोड़ा-घोड़ी सोएँ जैसे

बदला

गदहा कहे कुम्हार से, पीट रहा तू मोय
मार्केट में पहुँचकर, पिटवाऊँगा तोय
पिटवाऊँगा तोय, लात मारूँ बाजू में
भाग जाऊँ फिर रहूँ नहीं तेरे काबू में
याद करेगा सदा, लऊँ मैं बदला तुझसे
भीड़ इकट्ठी होय, पिटेगा दुगुना मुझसे

हैरोइन-हीरोइन

विधना से अद्भुत मिला, शब्द-साम्य संयोग
दोनों में गहरा नशा, अनुभव करते लोग
अनुभव करते लोग, उसे खाकर सो जाते
इसे देखकर दर्शक दीवाने हो जाते
हैरोइन पर तस्कर डाल रहे हैं डाका
हीरोइन पर फ़िदा हो रहे बूढ़े काका

टिकटार्थी-प्रार्थी

टिकट झपटने के लिए, उछल रहे श्रीमान
विजयश्री हो प्राप्त तो, मिले मान-सम्मान
मिले मान-सम्मान, पार हो जाए नैया
श्रद्धा से आरती उतारें चमचा भैया
जिनकी पॉकिट से पलते, लठैत भतखौआ
उनसे हारें हंस, सफल हो जाएँ कौआ

चौराहे का सिपाही

चौराहे पर सिपाही, दिखा रहा था हाथ
खड़े-खड़े हम देखते, काकी जी के साथ
काकी जी के साथ, नृत्य सीखोगी किससे
भरत नाटयम् का ट्यूशन करवा लें इससे
पाँव पैजनी, कानों में लटकेंगे झुमके
हाय-हाय मच जाय, लगाओगी जब ठुमके

मंदिर और सिनेमा

फ़िल्मी हीरो-हिरोइनों पर जनता आसक्त
मंदिर-मसजिद से अधिक बने सिनेमा-भक्त
बने सिनेमा-भक्त, भजन-कीर्तन नहिं भाएँ
मुफ़्त मिले परसाद, उसी मंदिर में जाएँ
फ़िल्मी हाउस फुल्ल, हो रही मारा-मारी
मंदिर सूना, केवल ठाकुर और पुजारी

छिपाने की कला

मेकप से टिपटाप हो, मैडम बनी नफ़ीस
है पचास की उम्र, पर बतलाती पच्चीस
बतलाती पच्चीस, औरतें उम्र छिपाएँ
सैक्स छिपाएँ युवक, सेठजी टैक्स छिपाएँ
लुका-छिपी के भेद, हमें बहुतेरे दिखते
खाँसी-हाँसी इश्क़, छिपाने से नहीं छिपते

मेहमान

भारी भरकम भामिनी दस बच्चे थे साथ
आ धमके इक मित्रवर, मिला हाथ से हाथ
मिला हाथ से हाथ, जमाया घर में आसन
चाट गए दो दिन में, घर का सारा राशन
खा-पीकर लंबी डकार लेते थे ऐसे
हॉर्न दे रहा हो मोटर का ठेला जैसे

साख

बिगड़ी बनना कठिन है, रखो सुरक्षित साख
जले तभी तक आग है, बुझ जाए तो राख
बुझ जाए तो राख, साख गिर जाती जिसकी
सिट्टी गुम, मिट्टी पलीद हो जाती उसकी
जीवन ऊर्जा अपनी सदा बचाए रखिए
लौ उठती ही रहे, जब तलक जीओ भइए

पापा का तर्क

पापा से कहने लगा, बेटा रामप्रताप
बाथरूम में फ़िल्म के गीत गायँ क्यों आप
गीत गायँ क्यों आप, मिला उनसे यह उत्तर
बतलाता हूँ इसका कारण प्यारे पुत्तर
बाथरूम अंदर से बंद नहीं हो पाता
कोई आए नहीं, इसलिए गाने गाता

कर्कशा पत्नी

पत्नी के मिलते रहें, मीठे-मीठे बोल
उन बोलों से अधिक क्या वस्तु होय अनमोल
वस्तु होय अनमोल, खरखरी बानी बोले
क्लेश करे रोज़ाना, अमृत में विष घोले
ऐसी घरवाली से जब पड़ जाए पाला
नरक बने घर, जीवन भर रोए घरवाला

टिट फार टैट

जो लड़के माँ-बाप का करते हैं अपमान
यही कर्म अपनाएगी, उनकी भी संतान
उनकी भी संतान, नियम कुदरत के सच्चे
उनका भी अपमान करेंगे उनके बच्चे
ख़ानदान की परिपाटी पर झूलें झूला
अपनाएँ 'टिट फौर टैट' वाला फार्मूला

दहेज-लोभी

भिक्षा पाकर हो गया, संन्यासी संतुष्ट
पर दहेज का भिखारी, कभी न होता तुष्ट
कभी न होता तुष्ट, लूटकर ले गए लाला
क़र्ज़दार बन गया बिचारा बेटी वाला
लाओ-लाओ का दुलहिन से करें तकाजा
मैके जाकर हाथ पड़े सो लेकर आजा

धोखा

माल रोड पर देखिए, मद मस्ती की चाल
स्लीवलैस बुश्शर्ट पर, घूँघर वाले बाल
घूँघर वाले बाल, प्यार से पूछा हमने
क्यों बेटा यह ड्रैस कहाँ सिलवाया तुमने
हो करके नाराज लगाई उसने झिड़की
हमने लड़का समझा था, वह निकली लड़की

दंगा कौन कराए

हिंदू मुसलिम सिक्ख या ईसाई श्रीमान
एक पिता की मानते, यह चारों संतान
यह चारों संतान, कसम खाता अब्दुल्ला
कभी न लड़ते देखे हमने ईश्वर-अल्ला
शांति-विरोधी गुंडों को जब उठे उमंगा
लूटपाट के लिए करा देते हैं दंगा

इंसानियत

तज करके इंसानियत, गिर जाए इंसान
उस बुद्धू से श्रेष्ठ है, बुद्धिहीन हैवान
बुद्धिहीन हैवान, कर्म-कर्त्तव्य निभाते
पशु-पक्षी निष्पक्ष किसी को नहीं सताते
दुष्कर्मी को कभी सुकर्म नहीं भाता है
ऐसा मानव बिना मौत के मर जाता है

बेलन-प्रभाव

बेलन में गुण बहुत हैं, सुनिए कान लगाय
रोटी बेले नित्यप्रति, चकला चक्कर खाय
चकला चक्कर खाय, नारि में बल भर देता
नर की सारी ऐंठ, तुरत ठंडी कर देता
काकी के करतब का, बदला तुरत चुका दें
वह बेलन दिखलाएँ तो हम दाँत दिखा दें

दिल का बीमा

टूट जाए दिल आपका, होय चित्त विक्षेप
टुकड़े-टुकड़े मिलाकर चेंप दीजिए टेप
चेंप दीजिए टेप, यार दिलदार बुलाओ
प्यार-प्रीति की बिजली से वैल्डिंग करवाओ
बार-बार दिल टूटे तो, चिंता न कीजिए
रिस्क दूर हो, दिल का बीमा करा लीजिए

जन्मदिवस

जन्म-दिवस के जश्न पर, काका करी रिसर्च
सालगिरह पर गिरह से, कुछ नहिं होता ख़र्च
कुछ नहिं होता ख़र्च, तोहफ़े चमचे लाएँ
अफ़सर जी को नोट लिफ़ाफ़ों में दे जाएँ
दावत ख़त्म हुई, साहब ने ज़ोड़ लगाया
जितना पैसा लगा, दस गुना उससे पाया

कड़वा-मीठा

कड़वे के गुण भिन्न हैं, मीठे के गुण भिन्न
मनुआ खुश हो एक से, दूजे से हो खिन्न
दूजे से हो खिन्न, करेला होता कड़ुवा
पाचक होता, किंतु अपच होता है लड्डुवा
बतलाते, धार्मिक-अध्यात्मिक ग्रंथ-प्रणेता
कड़ुवा सच सुख देय, झूठ मीठा दुख देता

दिल का एक्सरे

करो मुहब्बत किसी से, नारी हो या नर्र
उसके दिल का एक्सरे, करवा लो, मिस्टर्र
करवा लो मिस्टर्र, खरा है अथवा खोटा
डगमग दिल वाला, नहिं होय लुढ़कना लोटा
पहिले काका से लव का लाइसंस लीजिए
फिर क्या चिंता दोस्त, धड़ाधड़ प्यार कीजिए

ईमान

सबकुछ लुट जाए, मगर बचा रहे ईमान
हरा-भरा हो जाएगा, फिर से वो इंसान
फिर से वो इंसान, नियत से साफ़ होय जो
मामूली दोषारोपण से, माफ़ होय वो
मिले ग़रीबी या कैसी भी हो तंगदस्ती
उस चेहरे पर कायम रहे सदा अलमस्ती

रंगीन चश्मा

शयन-कक्ष में बैड पर, चश्मा रख रंगीन
जैसा चश्मा चढ़ाओ, वैसे दीखें सीन
वैसे दीखें सीन, बंद कर दीजे लाइट
चश्मा होए सफ़ेद, नज़ारा दीखे व्हाइट
लाल लैंस का चश्मा, आँखों पर धर लोगे
होए प्रेमिका काली लाल-लाल देखोगे

दिलदार

पेड़ लगाओ फल मिलें, जानत सब संसार
दिल से दिल को लगाओ, टपक पड़े दिलदार
टपक पड़े दिलदार, लगन यदि होगी सच्ची
तो उसकी रैस्पोंस मिले अच्छी-से-अच्छी
छल-फरेब, चालाकी के काँटे हों जिसमें
भाग जाए दिलदार मारकर धक्का उसमें

लातों के भूत

ताला किसी दिमाग़ का हो जाए जब बंद
दो मुक्कों में ठीक हों, मिस्टर मूर्खानंद
मिस्टर मूर्खानंद, कहावत सभी जानते
यह कि लात के भूत, बात से नहीं मानते
भटका हुआ दिमाग़ ठिकाने पर आएगा
बिन ताली के लातला फ़ौरन खुल जाएगा

रूप-अनूप

दुल्हनियाँ की माँग में, शोभित लाल-सिंदूर
लाल-लाल बिंदिया सुघड़, तन-यौवन भरपूर
तन-यौवन भरपूर, दुपट्टा लाल-लाल है
नई नवेली, लाल-लजीली, नई चाल है
मस्त हवा में, लाल दुपट्टा लहराएगा
इंसाँ क्या, डीज़ल इंजन भी रुक जाएगा

आधुनिक बहू

आई जब अधुना बहू, अद्भुत जोश-ख़रोश
उल्टे लक्षण देखकर, उड़े सास के होश
उड़े सास के होश, करी कुछ दखलंदाज़ी
मिली एक फटकार, हो गईं चुप माताजी
ऐसी बहुएँ अपनी करनी का फल पातीं
जब बनतीं वे सास, उन्हें तब बहू सतातीं

गृहस्थी का रंग

जगह-जगह हमने करी, घर-गृहस्थी की खोज
थोड़ी ज़्यादा चिल्लपौं, घर-घर में हो रोज़
घर-घर में हो रोज़, अनुभवी यह कहते हैं
बर्तन हों दस-पाँच, खटकते ही रहते हैं
जब-जब वह रूठे, तब-तब तुम प्यार लुटाओ
उसकी इच्छा पूरी करने में जुट जाओ

सांत्वना

नकल करे वह नकलची, अक़ल न जिसके पास
इम्तहान में पास हो, फिर भी छीले घास
फिर भी छीले घास, कभी यदि पकड़ा जाए
हो जाए बदनाम, सर्वदा धक्के खाए
करो परिश्रम फिर भी अगर फेल हो जाओ
अगले इम्तहान में फर्स्ट डिवीज़न पाओ

दहेज का दानव

दिन-दिन बढ़ता जा रहा, दानव दुष्ट दहेज
अख़बारों में छप रहीं, ख़बर सनसनीखेज़
ख़बर सनसनीखेज़, जलाना खेल हो गया
इसीलिए महँगा, मिट्टी का तेल हो गया
ठेला के मालिक का मौन इशारा पाया
'दुलहिन ही दहेज है' पेंटर से लिखवाया

पुलिस कांस्टेबिल

पुलिस कांस्टेबिल सो रहा, निद्रा में घनघोर
बीवी बोली-उठो ज़ी, घुस आया है चोर
घुस आया है चोर, पकड़ थाने पहुँचाओ
भाग जाएगा, जल्द उसे हथकड़ी लगाओ
कांस्टेबिल बर्राया, जब कुछ निद्रा टूटी
चुप रह चौबिस घंटे नहीं हमारी ड्यूटी

हाय बुढ़ापा

बचपन बीता खेल में, आगे हुआ जवान
जीवन वाद-विवाद में गँवा रहा इंसान
गँवा रहा इंसान, बुढ़ापा मारा छापा
बाबा दादा बने, कल्ल तक थे जो पापा
कोइ न पूछे बात, उम्र जब हो गइ अस्सी
बाबा माँगे दूध, मिले पानी की लस्सी

आधुनिका पत्नी

आधुनिका पत्नी मिली, करे नित्य तकरार
तर्कशास्त्र की पंडिता, कभी न माने हार
कभी न माने हार, रात बतला दे दिन को
तुम पूरब को कहो, जाएगी वह पश्चिम को
चंडी माई बनकर, उल्टी गंग बहाती
ऐसी नारी सर्वगुणी संपन्न कहाती

नारी : लक्ष्मी

नारी को हम मानते लक्ष्मी का अवतार
उसको आदर मिले तो, हो गृहस्थ उद्धार
हो गृहस्थ उद्धार, प्यार असली वह होता
जैसे प्यार किया करते हैं, तोती-तोता
जिस घर में अपमानित होती है घरवाली
उस घर में डेरा डाले रहती कंगाली

स्वर्ग-नरक

स्वर्ग-नरक के वास्ते, क्यों करते हो खोज
धरती पर ही देख लो, दृश्य मिलेंगे रोज़
दृश्य मिलेंगे रोज़, बंबई जुहू किनारे
फ़िल्मी बँगलों में मिल जाएँ स्वर्ग-नज़ारे
नरक देखना हो तो अस्पताल में जाओ
हाय-हाय चिल्लाते, पीड़ित रोगी पाओ

आशावादी बनो

दीपक जलने पर मिले, चारों ओर प्रकाश
दिल जलने पर देह का, होता सत्यानाश
होता सत्यानाश, इसी में रहे भलाई
दिल मिलने में नहीं लगाओ दियासिलाई
आशावादी बनो, निराशा दूर भगा दो
अपने दिल को, दिलवर के दिल से चिपका दो

नेता और चमचा

नेताजी की कर रहे चमचे जयजयकार
बारी-बारी से सभी डाल रहे थे हार
डाल रहे थे हार, और थी उनको आशा
बीस हार के बाद बंद हो गया तमाशा
बोले आँख तरेर, सिर्फ़ बीस हैं कैसे
मैंने तो चालिस हारों के भेजे पैसे

पिल्ला कुंडली

पिल्ला बैठा कार में, मानुष ढोवें बोझ
भेद न इसका मिल सका बहुत लगाई खोज
बहुत लागाई खोज, रोज़ साबुन से न्हाता
देवी जी के हाथ, दूध से रोटी खाता
कहँ काका कवि, माँगत हूँ वर चिल्ला-चिल्ला
पुनर्जन्म में प्रभो बनाना, हमको पिल्ला

निस्वार्थ प्रेम

प्रीति करे निस्वार्थ तो, प्यार पियाला पाय
स्वारथ की आँधी चले, प्रेम-दीप बुझ जाय
प्रेम-दीप बुझ जाय, चले फिर जूता-पट्टी
कल तक जो मीठी थी, वह हो जाए खट्टी
फरमाइशें छोड़कर, कहना है सो कहिए
स्वार्थ छोड़कर, शुद्ध प्रेम की पूजा करिए

मित्र से मुहब्बत

किसी मित्र से मुहब्बत, शुरू करें जब आप
उसके दिल का एक्स-रे, करवा लो चुपआप
करवा लो चुपचाप, डाक्टर को दिखलाओ
चेहरे का फ़ोटो भी साथ-साथ ले जाओ
डाक्टर कह दे तो फिर शंका नहीं कीजिए
छोड़ झिझक बे-हिचक, कनेक्शन जोड़ लीजिए

मेहनत का फल

मेहनत पर भी सफलता, नहीं मिले श्रीमान
फिर दुगुनी मेहनत करो, पूर्ण होय अरमान
पूर्ण होय अरमान, तजुरबा बतलाता है
मेहनत का फल कभी अकारथ नहिं जाता है
सफल तजुर्बेकारों ने यह बात कही है
देर भले हो जाए, मगर अंधेर नहीं है

हँसते रहिए

हँसते रहते हमेशा, भाग्यवान वे लोग
काया की नस-नस हिले, दूर होंय सब रोग
दूर होंय सब रोग, भाग्य भावना जगाओ
हँसाइयों से मनहूसी को दूर भगाओ
हँसने से मुख-मंडल हँसमुख हो जाता है
मनहूसों का चेहरा विकृत हो जाता है

ऊँची ऐड़ी

ऊँची ऐड़ी लाभप्रद, समझो नहीं प्रपंच
गट्टी लड़की होये तो, बढ़ जाती छः इंच
बढ़ जाती छः इंच, देखने आए लाले
खुश हो करके गोद भर गए लड़के वाले
आदत से मजबूर कुमारी कोमल कल्ली
बिन सेंडिल के उचक-उचककर चलती लल्ली

शादी पर बाजे

शादी पर बाजे बजें, दूल्हा पहने ताज
बरबादी पर रुदन की, आती है आवाज़
आती है आवाज़, हवा भी अश्क बहाती
आसमान पर ग़म की, स्वर-लहरी लहराती
नाम राम को कभी न देखा मुँह पर जिसके
राम राम है सत्य कान में ठूँसे उसके

थ्री व्हीलर पर सुंदरी

थ्री व्हीलर पर सुंदरी, बनकर ड्राइवर आय
होंय इकट्ठी सवारी, लंबा क्यू लग जाय
लंबा क्यू लग जाय, प्रेम का नाटक खेलो
लो हमको बैठाल किराया दुगुना ले लो
चलते-चलते तुम्हें देखकर मुस्काएगी
मौका मिलते ही पॉकिट को खा जाएगी

हाथों का हैं मैल

काका से कहने लगे, छैलबिहारी छैल
पैसे को हम समझते, हाथों का हैं मैल
हाथों का है मैल, कहा उनसे यह हमने
जितना मैल तिजोरी में भर रक्खा तुमने
सूखा पीड़ित दुखी, दान कर दीजै उनको
मैल इकट्ठा करो, शर्म नहिं आती तुमको

कर्म और तक़दीर

भाग्य भरोसे बैठकर, रोता है जो व्यक्ति
उसने पहिचानी नहीं, कर्मकांड की शक्ति
कर्मकांड की शक्ति, कर्म करता जो जैसा
कर्मों के अनुसार, भाग्य बनता है वैसा
कर्म और तक़दीर, एक गाड़ी के पहिए
दोनों से जीवन की ट्रेन चलाते रहिए

लड़का-लड़की के भेद

आई इक्सीसवीं सदी, होय ऐनाउंसमेंट
साड़ी बाँधे देवता, देवी पहनें पैंट
देवी पहिने पैंट, न सिर पर होगा पल्लू
लल्ली लुंगी वाली, ब्लाउज़ वाले लल्लू
भेद-भाव हों नष्ट, कष्ट सारे हट जाएँ
लड़का-लड़की के सब भेद-भाव मिट जाएँ

मास्टरों की मौज

मास्टरों की मौज है, कौन करे पड़ताल
कोई फटकारे उन्हें, कर देंगे हड़ताल
कर देंगे हड़ताल, लेट अक्सर आते हैं
आधा घंटा लेक्चर झाड़ भाग जाते हैं
एक छात्र ने साहस कर टीचर फटकारा
इम्तहान में फेल कर दिया वो बेचारा

साझे की हँड़िया

अधिक समय तक चल नहीं सकता वह व्यापार
जिसमें साझेदार हों लल्लू-पंजू-यार
लल्लू-पंजू-यार, अलग खिचड़ी जो पकाएँ
कुछ पूरब की बात करें, कुछ पश्चिम जाएँ
एक तंत्र व्यापार हमेशा रहता बढ़िया
चौराहे पर फट जाय, साझे की हँड़िया

गदहा

गदहे को भगवान ने, बख्शी अक्ल अजीब
चाहे जितना लाद दो, कुंछ नहिं कहे ग़रीब
कुछ नहिं कहे ग़रीब, बहुत भोला है मन का
ठेले या मोटर पर है प्रतिबंध वज़न का
लेकिन गदहे पर भी कुछ तो दया दिखा दें
ढाई मन का गधा पाँच मन बोझा लादें

मूर्खों के बीच बुद्धिमान

दस मूर्खों के बीच में, बुद्धिमान फँस जाय
उसकी अक्कल एक फुट, नीचे को धँस जाय
नीचे को धँस जाय, युक्ति से मुक्ती पाओ
फँस जाओ मूर्खों में तो, मूरख बन जाओ
होली पर जब कभी मूर्ख-सम्मेलन होता
बौद्धिक कविता पढ़ो, हूट कर देंगे श्रोता

फ़िल्मी बंगले

स्वर्ग-नरक पर क्यों करें हम-तुम तर्क-कुतर्क
फिल्मी हस्ती से करो बंबई में संपर्क
बंबई में संपर्क, भटकते क्यों हो दर-दर
जुहू पहुँचकर फ़िल्मी बँगले देखो मिस्टर
ड्रिंक, डिनर और डांस, कैबरे में खो जाओ
बिना मरे साक्षात् स्वर्ग के दर्शन पाओ

फ़िल्मी सितारा

कोई फ़िल्मी सितारा बनकर हीरो टाप
राजनीति मंथन करे मन-ही-मन चुपचाप
मन-ही-मन चुपचाप सितारा बड़ा हो गया
ताल ठोककर जब चुनाव में खड़ा हो गया
किस नेता की हिम्मत है जो उसे हरा दे
अच्छे-अच्छे प्रत्याशी में पटक लगा दे

इनकम टैक्स का दफ़्तर

इनकम टैक्स में लालाजी जब जायँ
फटे कोट को पहनकर दीन-हीन बन जायँ
दीन-हीन बन जायँ, नज़र यह जाँच रही है
लाला की आँखों में लक्ष्मी नाच रही है
आफ़ीसर के आगे तो ग़रीब बन जाते
गद्दी पर आकर, अमीर बनकर तन जाते

थोथा चना, बाजे घना

दर्पण रखकर सामने खुद अपने को नाप
ज़ीरो हैं पर स्वयं को हीरो समझें आप
हीरो समझें आप, व्यर्थ ही क्यों इतराओ
कोई कला सीखकर कलाकार बन जाओ
थोथा चना, घना बाजे यह नोट कीजिए
क्या हूँ मैं असली चेहरा पहचान लीजिए

इश्क़ में रिस्क

मुड़-मुड़ देखे कामिनी, क्यों खुश होते आप
ख़तरे का सिगनल समझ, भाग जाउ चुपचाप
भाग जाउ चुपचाप, इश्क़ का लगे लपेटा
अगर बँध गए उसके प्रेम-पाश में बेटा
रिस्क इश्क में बहुत, ज़िंदगी का सुख छूटे
नयी-नयी फरमाइश से जीवन-भर लूटे

कल्पना

बुढ़ऊ कवि बीमार थे, रहा न कोई पास
तन्हाई का उस समय, हुआ उन्हें अहसास
हुआ उन्हें अहसास, धर्मपत्नी यदि होती
सेवा नहिं करती, मर जाने पर तो रोती
हमने कहा कि नहीं कल्पना थोथी होगी
मर जाओ तुम समझ लीजिए रोती होगी

लेडीज फर्स्ट

बस के अड्डे पर खड़ी, मैडम हथनी छाप
हमने पूछा बहिनजी, कहाँ जाएँगी आप
कहाँ जाएँगी आप, मदद हम कुछ कर पाएँ
बोली आँख तरेर, जहन्नुम में हम जाएँ
हिम्मत हो तो तुम भी चलो हमारे आगे
उसी वक़्त 'लेडीज फर्स्ट' कहकर हम भागे

स्वाद

रोगी डाइबिटीज को, फीकी चीज़ सुहायँ
पंडित पेटूराम जी, नित लड्डू लुढ़कायँ
नित लड्डू लुढ़कायँ, तोंद हो जाती भारी
तब डकारते हैं, सोडे की बोतल खारी
पियक्कड़ों को दालसेब, नमकीन सुहाएँ
गर्भवती माता को, खट्टी अमियाँ भाएँ

मेहनत

मेहनत करके पसीना, बहा रहा जो व्यक्ति
गंगाजल से भी अधिक, मिलती उसको शक्ति
मिलती उसको शक्ति, नित्य गंगा-गुण गाते
श्रम से मुँह को मोड़, मुफ़्त की रोटी खाते
माफ़ नहीं कर सकती उनको गंगा मैया
श्रम के द्वारा, सफल कीजिए जीवन-नैया

नारी के बैन

बेलन का युग लद गया, सुन लो जैन्टिलमैन
बेलन से बलवान है नारी के कटु बैन
नारी के कटु बैन, ऱीति सब नई-नई हैं
बदल गए हथियार, नारियाँ बदल गई हैं
कटु शब्दों के तीर, मर्द को घायल कर दें
केस करे तो ग़ायब उसकी फ़ायल कर दें

बूढ़े बाबा

बूढ़े बाबा मर गए, मरकर हुए निहाल
कफ़न लपेटा बदन पर, ऊपर डाली शाल
ऊपर डाली शाल, भाग्य को कोस रहे थे
पड़े-पड़े काँटी पर, हृदय मसोस रहे थे
भरी ज़िंदगी कपड़े पहिने फटे-पुराने
मर जाने पर हमें चले हैं शाल उढ़ाने

कलम की मार

ज़ख़्म तीर-तलवार का, मरहम से भर जाय
किंतु कलम की मार का, घाव नहीं भर पाय
घाव नहीं भर पाय, अस्त हो जाए सितारा
जीवन-भर पछताए, सिसकता रहे बिचारा
प्रजातंत्र में जीना है तो बचकर रहिए
संपादक-लेखक कवियों से वैर न करिए

पाश्चात्य तहजीब

पाश्चात्य तहजीब का, देख लीजिए चित्र
पवित्र बंधन हो गए कलयुग में अपवित्र
कलयुग में अपवित्र हमारे फ़िल्म सितारे
तलाक़ देकर क्षण में, बंधन तोड़ें सारे
डाईवोर्स से लाभ उठाएँ रसिकबिहारी
पति-पत्नी से फिर बन जाएँ कुमार-कुमारी

अति

अति का भला न बरसना, अति की भली न घुप्प
अति का भला न बोलना, अति की भली न चुप्प
अति की भली न चुप्प, हास्य जब अति बढ़ जाता
मुँह फट जाता अधिक, आँख में आँसू लाता
रोने वाले के आँसू गालों पर टपकें
मुक्त हास्य के अश्रु किनारों पर जा चिपकें

दहेज

बेटा जी के ब्याह में पापा जी समझायँ
बड़ी चीज़ ही माँगनां, तब छोटी मिल पायँ
तब छोटी मिल पायँ, काम इस तरह बनेगा
ट्रक माँगोगे बेटा, तब स्कूटर देगा
बेटा बोला, ट्रक-ठेले की माँग निकम्मी
बाइफ से पहिले माँगू, वाइफ़ की मम्मी

बेटी की विदा-1

बेटी जब होती विदा, तब देखो यह सीन
दूल्हा के दिल में खुशी, सास-ससुर ग़मगीन
सास-ससुर ग़मगीन, सुस्त हैं सभी घराती
हा-हा, ही-ही करें नशे में चुस्त बराती
हास्य-रुदन का साथ-साथ ही दिखे तमाशा
गूढ़ मनोविज्ञान, कठिन इसकी परिभाषा

बेटी की विदा-2

बेटी होती बिदा जब, रोता है सब कोय
धन दहेज में लुट गया, पिता इसलिए रोय
पिता इसलिए रोय, और भी ध्यान दीजिए
माता के रोने का कारण, जान लीजिए
बेटी तेरे बिना, किस तरह काम चलेगा
कपड़े कुण धोएगा, बर्तन कौन मलेगा

भाग्य भोग

भाग्य-भोग तो प्रबल है, कभी न छोड़े साथ
उसका ढीला भाग्य हो, जिसके ढीले हाथ
जिसके ढीले हाथ, नहीं उन्नति कर पाते
पड़े-पड़े ही, रोगग्रस्त होकर मर जाते
बैठे रहने से अच्छा कुछ किया कीजिए
कुछ न सही तो, फाड़ फाड़कर सिया कीजिए

काला धन

काले धन को छोड़कर, मर जाते जो लोग
न तो दान ही कर सके, नहीं किया उपभोग
नहीं किया उपभोग, बोझ ले जाएँ मन पर
बनकर काले साँप, बैठ जाएँ उस धन पर
सफ़ेद धन के धनी चैन की निद्रा सोते
मौज़ कर रहे उनके बेटे, पोती, पोते

कर्फ़्यू जी की शक्ति

कर्फ़्यू जी की शक्ति को नाप सके तो नाप
हौआ बनकर हिंद में सर्वमान्य हैं आप
सर्वमान्य हैं आप, न देते कभी दिखाई
फिर भी डरते, बूढ़े बालक-लोग-लुगाई
निराकार, निरपेक्ष, निर्वसन तुमको माना
अजर-अमर हैं, 'बिनु पग चलें, सुनें बिनु काना'

बाबू जी

खुद पर काबू राखिए, बाबू जी चुपचाप
बीवीजी को मूर्ख नहिं बना सकेंगे आप
बना सकेंगे आप, अक्ल का ज़ोर लगाएँ
करके देखो बहस एक की चार सुनाएँ
उनकी पतली जीभ आपकी अक्कल मोटी
किसी बात में नहीं समझना उनको छोटी

स्वार्थी इंसान

प्यार जताए ढेर-सा, काम पड़े नट जाय
उस स्वार्थी इंसान से, इंसानी हट जाय
इंसानी हट जाय, मिला हो धोखा जिससे
अजब मूर्ख जो फिर भी चिपके रहते उससे
बहुत पुरानी एक कहावत तुम्हें बताएँ
अजमे को अजमाएँ, नामाकूल कहाएँ

रिटायरमेंट

अफसर बनकर जी रहे, मना रहे थे हर्ष
करते-करते साहबी हुए अठावन वर्ष
हुए अठावन वर्ष, न्यूज़ एक बुरी मिल गई
मिला रिटायरमेंट साब की कुर्सी हिल गई
मन-ही-मन अब सोच रहे हम बूढ़े हो गए
कल अफसर थे अब दफ़्तर के कूड़े हो गए

शादी के लाभ

शादी करने के तुम्हें बतलाते हैं लाभ
दूल्हा जिस दिन बनोगे, आए मुँह पर आब
आए मुँह पर आब, चंद दिन मज़े उड़ाओ
हनीमून से स्वर्गलोक जैसा सुख पाओ
फिर उस घोड़ी का घोड़ा बन जाए दूल्हा
घोड़ा पर जो झूम रहा था फूला-फूला

वाह मुटापे

उठा रही क्यों व्यर्थ में, डाईटिंग का कष्ट
सोने जैसी देह को, क्यों करती हो नष्ट
क्यों करती हो नष्ट, नया नुस्खा अपनाओ
पहिले जितना खातीं, उससे दुगुना खाओ
निर्माता-निदेशक दौड़े-दौड़े आएँ
टुनटुन वाली ख़ाली सीट, तुम्हें दिलवाएँ

नेता पति

दुलहिन नीची नज़र कर, सोचे मन ही मन्न
आते होंगे देवता, हो जाऊँगी धन्न
हो जाऊँगी धन्न, देवता निकले नेता
बोले यदि तू समझे अपना मुझे चहेता
आश्वासन दे तबही प्यार करूँगा तुझको
जब एलेक्शन होय, वोट देगी तू मुझको

चटपटी प्रेमिका

मिले चटपटी प्रेमिका, करे अटपटी बात
चार दिना की चाँदनी, फेर अँधेरी रात
फेर अँधेरी रात, गर्म है पॉकिट जब तक
प्यार प्रीति का नाटक, दिंखलाएगी तब तक
कड़की में मुख मोड़ प्रेम घट फोड़ जाएगी
पत्नी देगी साथ, प्रेमिका छोड़ जाएगी

कवि बनाम मच्छर

सम्मेलन के मंच पर, जो कवि होते हूट
कविता पढ़ने की उन्हें, नहीं मिल सकी छूट
नहीं मिल सकी छूट, निराशा में मर जाते
पुनर्जन्म में ऐसे कवि मच्छर बन जाते
बेचारे अपनी पढ़ास को मिटा रहे हैं
सोते श्रोताओं कों कविता सुना रहे हैं